日経文庫

NIKKEI BUNKO

全社戦略がわかる

菅野 寛

日本経済新聞出版

全社戦略がわかる　目次

第2章　事業ポートフォリオ・マネジメント　41

第3章　シナジー・マネジメント　117

第4章 全社ビジョン 163

第5章　全社組織の設計

補論1　全社ガバナンス　243

序章　なぜ花形の事業部長が機能停止に陥るのか

全社戦略とは何か

全社戦略あるいはコーポレート・ストラテジーという言葉を聞いたことがあるでしょうか。これは通常の個別の事業戦略とは大きく異なる概念です。事業戦略では、単一事業に関して、競争に打ち勝ち、売上や利益を創出しながら事業を続けていくために、何をすべきかを検討します。つまり、コンビニの会社であればコンビニ事業の戦略を、ソフトドリンクの製造販売会社であればソフトドリンク事業の戦略を立てて実行していくのです。

しかし世の中を見渡すと、一企業が単一事業だけを営んでいる例は少なく、むしろ一企業が複数事業を展開しているほうが多いのです。たとえば、自動車製造という単一事業を営ん

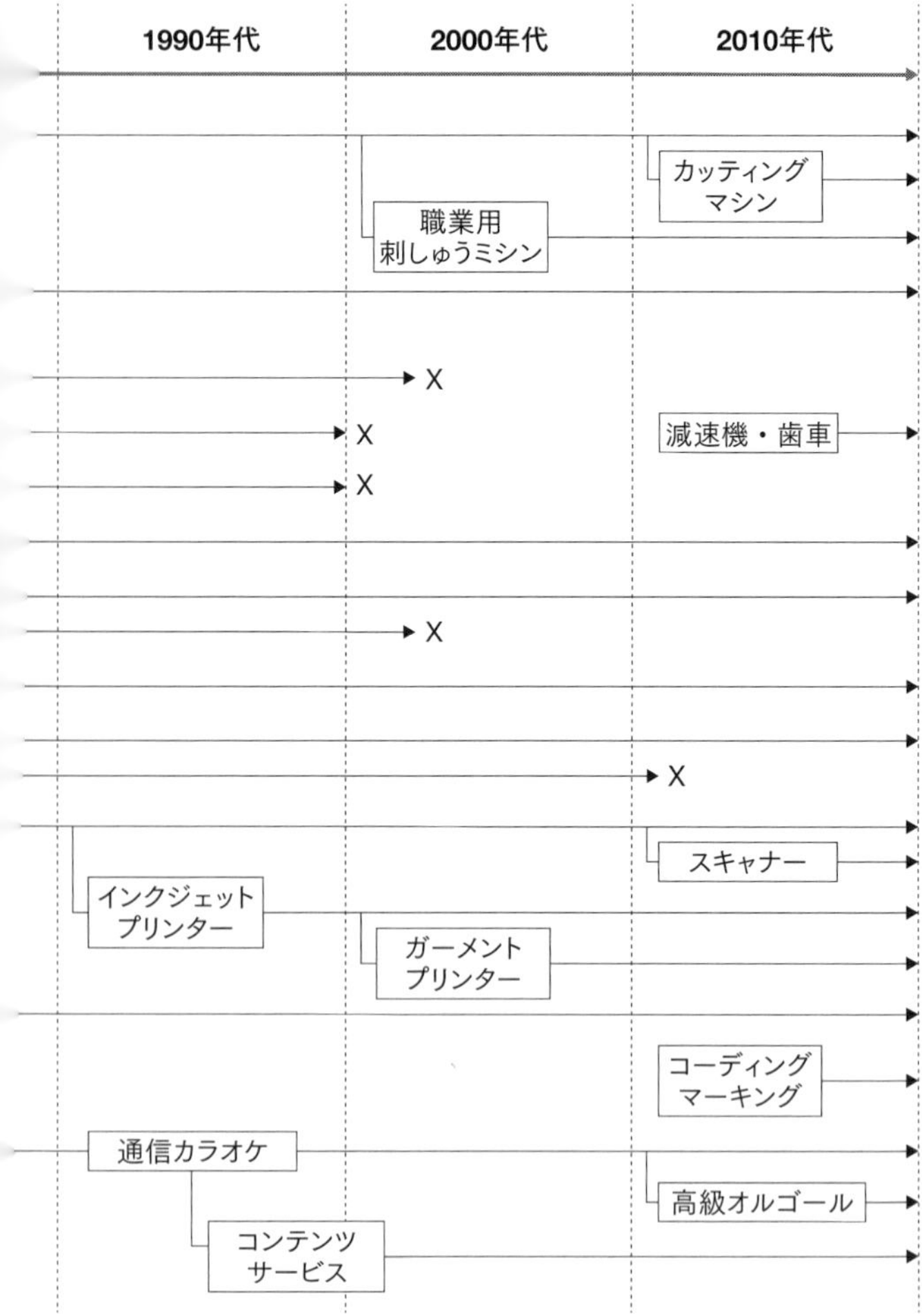

［出所］　ブラザーコミュニケーションレポートを参考に筆者作成

図表 序-1　ブラザー工業の多角化の歴史

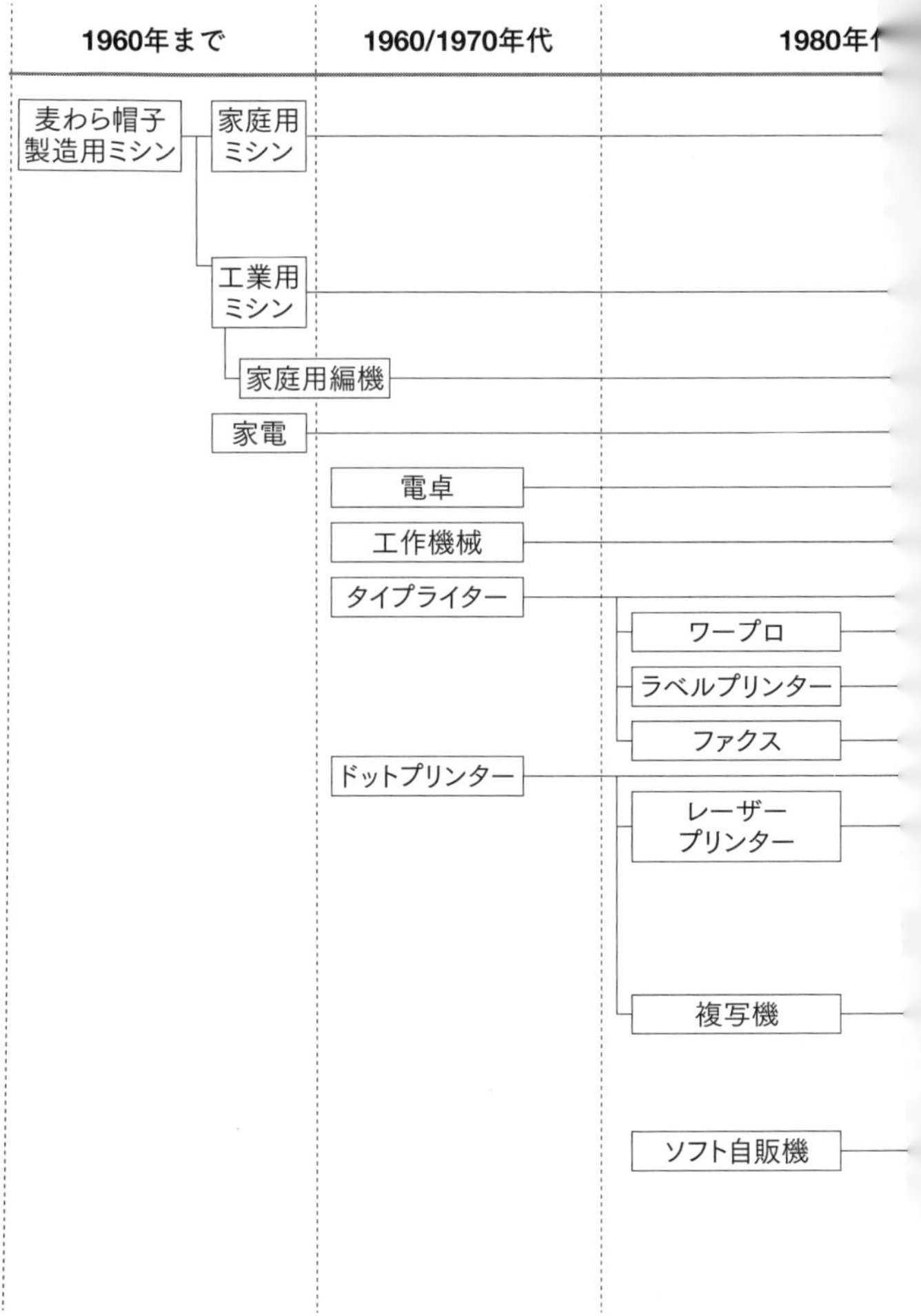

でいると思われがちなトヨタ自動車ですら、自動車事業の他に住宅事業や金融事業も手掛けています。アメリカで創業し、グローバル企業に成長したゼネラル・エレクトリック社（以下「GE」）は、航空機エンジンを作っているかと思えば、MRI、CTスキャンのような医療機器、さらには一般家庭向けの白熱電球も作っています。

一つの事業から発足したスタートアップ企業でも、成功して最初の事業が安定し、企業規模が大きくなってくると、何年か後には複数事業を展開し始める場合が多いのです。

一九〇八年に麦わら帽子用の縫製ミシンからスタートしたブラザー工業は、まずはミシン事業の中で家庭用ミシン、工業用ミシンと多角化しました。その後、工作機械、タイプライター、プリンター、ラベルプリンター、通信カラオケ機器などの事業を手掛ける数千億円企業に成長しました（図表序―1）。

カメラメーカーとして創業したキヤノン、ニコン、オリンパス、ミノルタ、リコーは、今ではカメラ以外の事業を多く持ち、ほとんどの企業でカメラの売上は半分以下です。それどころかミノルタ（合併後の社名はコニカミノルタ）のように、カメラ事業をやめてしまったケースもあります。

逆に、ソニー、パナソニック、カシオ計算機（以下「カシオ」）のように、非カメラ事業で創業したメーカーがカメラ事業に進出して、もともとの本業以外にカメラ事業およびその他の複数事業を営んでいます。

このように複数事業を持つ会社において、経営者（CEO）あるいは本社が全社的視点で考える戦略が、全社戦略です。英語ではCorporate Strategy（実は英語でもCorporate Strategyという言葉の使い方は厳密に一つに定まっているわけではありません。経営学においてはCorporate Strategyという単語を〈複数事業を持つ〉「本社の戦略」という意味で使うこともありますが、一方、〈複数事業、単一事業にかかわらず〉「企業の戦略」という意味で使う場合もあります。ここでは前者の意味で使っています）と呼ぶことが多いのですが、日本語の定訳はないため、そのままカタカナでコーポレート・ストラテジーと呼ばれることもあります。この本では「全社戦略」とし、単一事業の戦略は「個別事業戦略」と分けて呼ぶことにします。

全社戦略と個別事業戦略の違い

個別事業戦略を考える場合、典型的には以下に挙げた論点に関して、その企業なりの独自の答えを探して実行することが重要になります。

▼そもそも誰を顧客とするのか。顧客をどのようにセグメンテーション（分類）し、どのセグメントを主要顧客とするのか
▼その主要顧客に対してどのような価値を提供するのか
▼同じ価値を提供してくる可能性のある競合他社は誰か
▼その競合他社に比べて、自社はどのように優位性を構築するのか

これに対して、全社戦略を考える場合、複数の事業を営んでいるので、個別事業戦略では最も基本的な「顧客は誰か」「提供価値は何か」「競合は誰か」という問いすら意味をなさないのです。ブラザー工業の例でいえば、家庭用ミシンを買ってくれる最終顧客は一般消費者ですが、一方、工作機械を買ってくれるのは法人顧客の製造業者です。また、通信カラオケ機器を買ってくれる顧客はカラオケ事業者です。

事業ごとに対象顧客が異なるため、当然の事ながら、顧客に提供する価値も事業ごとに異なります。競合についても同様です。事業ごとに競争相手もまったく違うので、複数の事業を束ねている経営者あるいは本社から見れば「競合は誰か」という問いは意味がありませ

ん。

このように、個別事業戦略と全社戦略とでは、考えなくてはならない内容は大きく異なるのです。言い換えると、頭の使い方がまったく違うのです。個別事業戦略を考える事に慣れ親しんできた人にとって、いきなり全社戦略を考えるように頭を切り替えることはなかなか難しい場合があります。

個別事業で優秀な成績を上げてきた事業部長が、全社のCEOになった途端に機能不全に陥ってしまうことがたまにあります。一つひとつの個別事業で起こるまったく異なる状況についてCEOがそれぞれに対処することもできないことはないとは思いますが、それではCEOが一階層下の事業部長に降りて事業部長の仕事をしているにすぎないのです。

ちなみに、いきなりCEOになって全社戦略を立案・実行しなければいけないのに、ついつい一階層降りて慣れ親しんだ個別事業戦略をやってしまう新CEOもいます。これは一階層下の事業部長から見れば「余計なお世話」「屋上屋」であり、全社的にはマイナスです。

もちろん、ある事業がうまくいっていないときには、一時的な緊急措置としてCEOが一階層降りて事業部長を兼任・代行することも必要な場合はありますが、それは非常事態であり、本来ならばCEOはCEOの仕事をすべきなのです。

したがって、全社戦略では頭の使い方が異なることを認識した上で、あらかじめ勉強しておくことが非常に大切になってきます。

もちろん、逆に若い頃から全社視点を持つことができる立場にいる方もいます。たとえば入社してからずっと本社で経理・財務畑でやってきたような方です。ところが、そのような経験だけでもCEOは務まらない場合が多いのです。

たとえば、入社してからずっと本社で経理や財務畑でやってきた人が、そのままCEOにのぼりつめた場合、本社という「奥座敷」から全社を見る経験だけを積んできたので、個別事業、特に事業の最前線での実務経験から得られる知見や視点が不足気味になります。いわゆる「現場感」が欠如してしまいます。現場感がないがためにCEOとして機能不全に陥ることも多々あります。

また、経理・財務という一つの狭い視点だけから全社を見てきても、経営は経理・財務だけではなく、戦略、マーケティング、組織、オペレーションなどの要素を総動員して結果を出す総合芸術です。すべての要素を統合し、事業を動かして結果を出す個別事業の長を経験しなければ、総合芸術である経営学の習得は難しいのです。

その意味では、個別事業戦略と全社戦略の両方をマスターしないと、複数事業を持つ企業のトップはうまく務まらないとも言えるでしょう。理想的には、本社と個別事業の両方を経験することが望ましいでしょう。さらには、個別事業に関しても、異なる複数の事業を経験するとベターでしょう。事業によってまったく違う状況を体験しておけば、全社的な立場で見ていくときにも、バランスのとれた現場感を持つことができます。

本書の狙い

個別事業戦略に関する研究はかなり多く行われ、書籍もたくさん出版されているのに対し、全社戦略に関する知見をまとめた文献や本はあまり多くは見当たりません。戦略論の教科書でも、全社戦略は良くてもせいぜい一～二章を割いているだけです。

実は、日本あるいは世界のビジネススクールでも、全社戦略で独立した一コースを設けているところはあまり多くはありません。戦略論の授業の中の一～二コマだけ触れて終わってしまう場合が多いのです。その意味では一〇年以上前、私がまだボストン コンサルティンググループのパートナーであったときに、早稲田大学ビジネススクールから「全社戦略だけにフォーカスしたコースを一つ作りたいので客員教授として教えてもらえないか」と依頼を受けたのは非常に珍しいことです。本書は、私が早稲田大学ビジネススクールで一〇年にわたって担当している「実践コーポレート戦略」の講義内容をベースに執筆したものです。

世界においては、全社戦略を主要テーマとする教科書はいくつか存在します。

個別事業戦略と全社戦略を包括的に取り上げている教科書としては、ジェイ・バーニーの『企業戦略論』があります。日本語訳は上・中・下の三巻に分かれる大著ですが、下巻を全社戦略編として一冊丸ごと全社戦略にあてています。また、デビッド・コリスとシンシア・モンゴメリーの『資源ベースの経営戦略論』では個別事業戦略（Business-Level Strategy）と全社戦略（Corporate-Level Strategy）の両方を、その相互関係を論じながら資源ベースの視点（Resource-Based View）で解説しています。

全社戦略のみにフォーカスした最近の教科書としては、経営大学院ＩＮＳＥＡＤのPhanish Puranam 教授がBart Vanneste と共著で出版した *Corporate Strategy: Tools for analysis and Decision Making* があります。理論と分析をわかりやすく解説している良い教科書だと思いますが、理論にフォーカスしており、実践面に関してはあまり多くを述べてはいません。また、二〇一九年時点では邦訳は出版されていません。

先に述べたように、経営学においてはCorporate Strategy は全社戦略だけではなく、企業戦略という意味でも使われることがあるため、英語の文献で勉強する場合は注意してください。たとえば Richard Lynch の教科書 *Corporate Strategy* や Gerry Johnson, Kevan Scholes, Richard Whittington の教科書 *Exploring Corporate Strategy* はどちらも「企業戦略」の教科書であり、複数事業を持つ「本社」の戦略についてはほとんど述べられていません。

このため、日本企業のリーダーたちがいざ全社戦略で考える立場になったときに、参考にすべき本があまりなく、困ってしまうことになります。本書を執筆しようと考えたのは、全社戦略を立案し実行する人々が機能不全や思考停止に陥るのを食い止める一助となればと思ったことがきっかけです。

本書の狙いとして、第一に、個別事業戦略と全社戦略との違いをはっきり理解していただけるように解説を試みます。そして第二に、コンサルティングに長年携わってきた私としては、全社戦略の理論もさることながら、いかに実践するかがさらに重要だと考えています。したがって、現実のビジネスで全社戦略を立案し実行するときのポイントや陥りがちな罠についても言及します。最後に、個々の事業ではなく全社をマネジメントしていく上で必要なスキルは何か、どうすればそれが身につくか、という人材育成にも役立つものとしたいと考えています。本書が多くの方にとって参考になれば幸いです。

第1章

全社戦略では何を考えるのか

図表 1-1　全社戦略と個別事業戦略

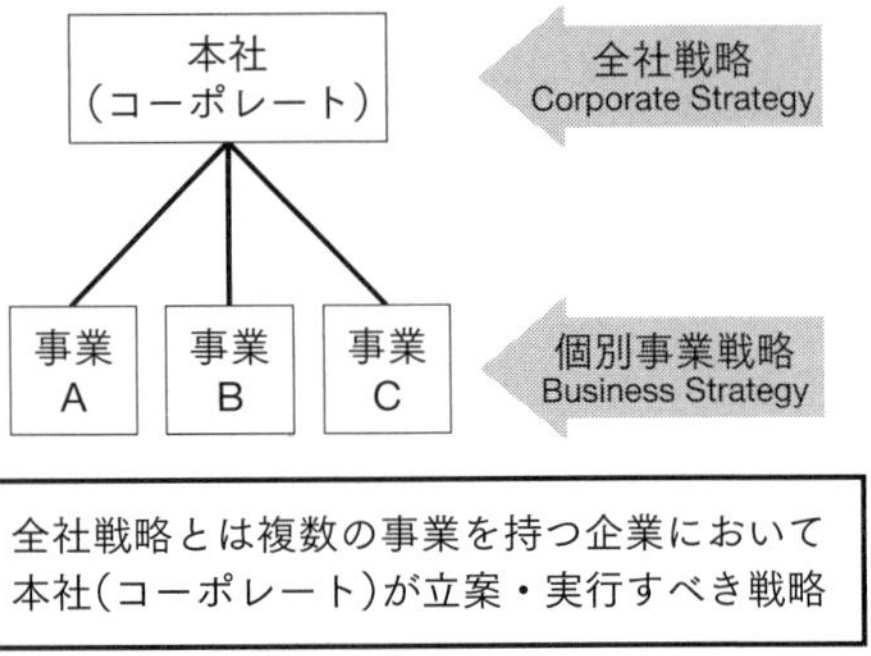

複数の事業を持つ企業の組織図を見ると、さまざまな事業あるいは機能の上に本社部門が置かれています（図表１―１）。言い換えれば、全社戦略を立案して実行する経営者および本社経営陣やその補佐をする本社スタッフと、個別事業戦略を立案して実行する事業部長とそのスタッフとでは、考えるべき内容や行うべき事が違うのです。

では、本社レベルでは具体的に何を考え、何を実行しなくてはならないのでしょうか。全社のトップでなければできない仕事、本社部門がやるべき仕事とは何でしょうか。

全社のトップ、本社部門の仕事として、主には以下のものが考えられます（図表１―２）。

○事業ポートフォリオ・マネジメント
○事業間の資源再配分

図表1-2　本社（コーポレート）の仕事

本社（コーポレート）の仕事	本書での対応
事業ポートフォリオ・マネジメント 事業間の資源再配分	第2章
事業間のシナジー・マネジメント	第3章
全社事業ドメインの設定とマネジメント 全社ビジョンの作成と徹底	第4章
全社組織の設計と運営	第5章
全社ガバナンスの仕組みの 構築と実行	補論1
全社人材マネジメント	補論2
株主マネジメントと企業価値の向上	（本書では取り扱わない）

○事業間のシナジー・マネジメント
○全社事業ドメインの設定とマネジメント
○全社ビジョンの作成と徹底
○全社組織の設計と運営
○全社ガバナンスの仕組みの構築と実行
○全社人材マネジメント
○株主マネジメントと企業価値の向上

以下、この一つひとつに関して簡単に見ていきましょう。

事業ポートフォリオ・マネジメント

経営学においては、複数の事業「群」のことを「事業ポートフォリオ」と呼びます。英語の「ポートフォリオ」のもともとの意味は、複数の図面や絵をまとめて入れる「フォルダー」や、複数の書類をまとめて入れる「書類かばん」です。そこから、異なる複数の物をまとめて群として捉えるという意味に使うようになりました。

金融では株式、債券、不動産など、複数に投資をして全体としてリスクを分散し、安定したリターンを得る「投資の群」という意味でポートフォリオという言葉を使います。

経営学では一つの企業が複数の事業を運営し、事業の群をマネージして全社として成果を出すためのマネジメントを事業ポートフォリオ・マネジメントと呼びます。

事業ポートフォリオをいかにマネージするかは、全社戦略において考えるべき重要な要素です。GEの場合、一九八一年から二〇〇一年までCEOを務めたジャック・ウェルチは、「世界で一位か二位になれない事業からは撤退する」として大胆な事業整理、積極的なM&Aなどを行ったことで有名です。ここでは個々の事業というよりも、全社視点でどのような事業群を持つのかが論点となりました。まさに事業ポートフォリオ・マネジメントです。

事業ポートフォリオで具体的に考えるのは、「やめる」「まとめる」「分ける」「始める」の4つです（図表1－3）。どの事業から撤退するのか、B事業部とC事業部を統合して新しい組織にしたほうがいいのか、D事業部をD1とD2に分割したほうがいいのか、それとも新事業を始めるのか。

図表 1-3　事業ポートフォリオ・マネジメント

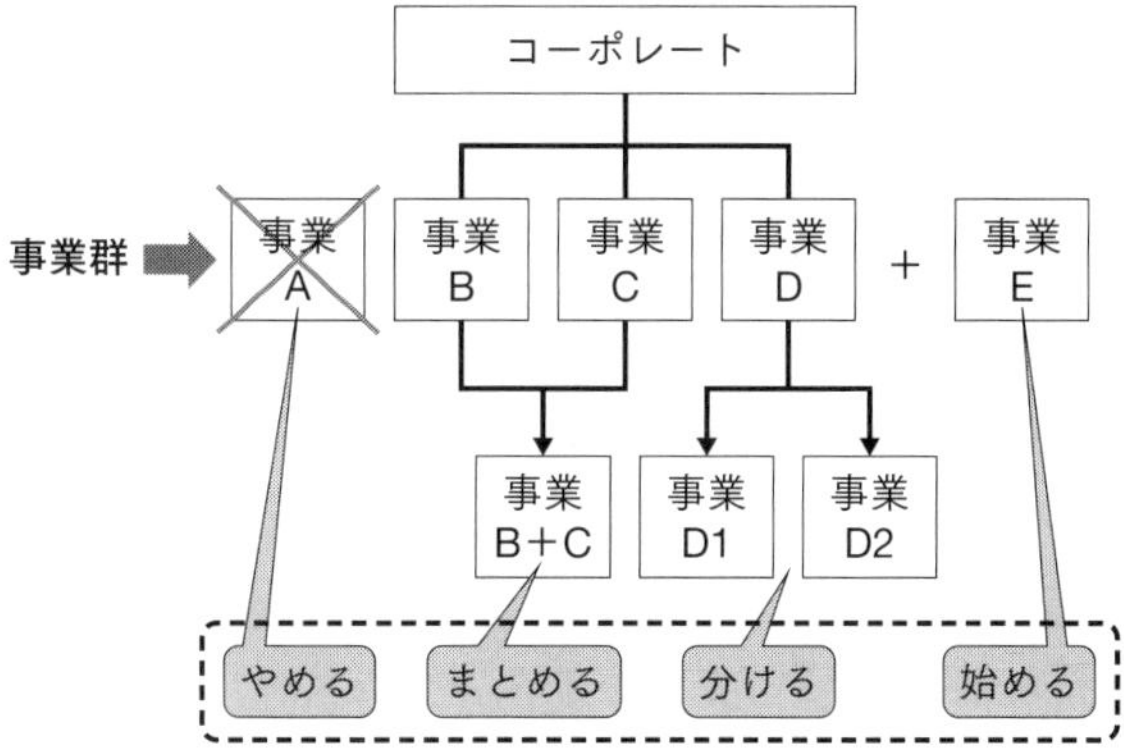

これらを実施する時間を節約するために、自社内で「やめる」「始める」のではなく、事業を社外との間で売却や買収する場合もあります。したがって事業ポートフォリオ・マネジメントと事業の買収・売却はセットで考えられることも多いのです。

事業をやめるかやめないかは、まさに全社レベルで行うべき意思決定です。事業部長は当然ながら、「全社的に見れば私の事業をやめるべきだ」とは言ってはいけません。たとえどんなに事業環境が厳しくても、事業を預かっている以上、歯を食いしばってでも成果を出すことが、事業部長のミッションです。

したがって、ある事業をやめるべきかどうかは、階層が一つ上の本社で行わなくてはならない意思決定で、まさに「全社戦略」の重要な意思決定事項の一つです。

新しい事業を始めるかどうかについても同様です。当然ながら各事業部内では、新しい製品やサービスを常に創出しているので、放っておいても新しい事業が生まれ、本社が介入しなくてもいい、というわけにはいかないのです。

たとえ事業部内で何か新しい事業が生み出せたとしても、各事業は個別最適で考えていくので、必ずしもそれが全体最適とは言えない場合があります。また、各事業に与えられた資源の中で新規事業を始めるため十分な投資ができなかったり、本来はもっと大きなチャンスがあっても実施可能な範囲に留まったりする危険性があります。このため、思い切った投資をして新事業を始めるべきかどうかの判断は、本社が行うべき意思決定です。

事業をまとめる、あるいは分ける場合にも本社によるマネージが必要です。各事業部長は一国一城の主なので、自分から積極的に、他の事業と統合しよう、あるいは事業部を二つに分けよう、とはまず言い出しません。

統合すれば、自分のポジションも失われるかもしれません。事業を分ける場合も、事業の一部が自分のコントロールから外れてしまうので、事業部長としては積極的に分けるインセンティブは働かないのです。

つまり、成り行きに任せているだけでは最適な事業統合や事業分割は起こりにくいため、本社が全社最適の観点から意思決定しないといけない場合が多いのです。

事業間の資源再配分

事業ポートフォリオ・マネジメントでは、事業を「やめる」「まとめる」「分ける」「始める」という意思決定だけでなく、事業間で資源をどう再配分するかを決めることも重要になります（図表1－4）。

たとえば、ある事業を続けるが、現状の規模で展開しなくてもいいと判断した場合には、ヒト・モノ・カネなどの資源を一部引き揚げて、その資源を他の事業部に充当したほうがよい場合もあります。

あるいは、有望な事業の種がある場合、その事業部内で稼いだ収益や資源の範囲内で再投資しようとすると競争に負けてしまう可能性がある場合、ヒト・モノ・カネを事業部の枠を超えて大きく投入しなくてはなりません。

こうした意思決定や行動は、全社的な観点に立たない限り、うまくできない場合が多いの

図表1-4　事業間の資源再配

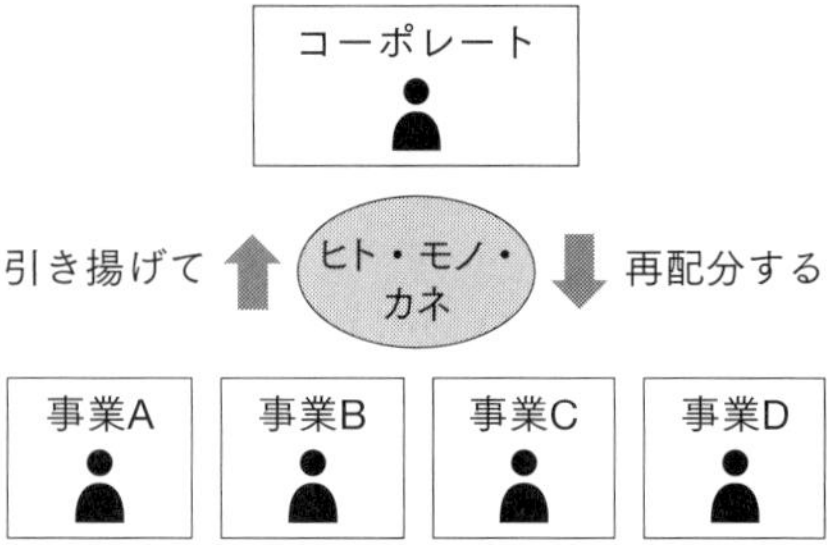

です。
事業ポートフォリオ・マネジメントと事業間の資源再配分は、全社戦略の定番とも言えるテーマです。この二つをまとめて、理論と実践の両方を第2章で詳しく解説します。特に「とるべきアクション（実践）」に重きを置いて解説したいと思います。私の経験からいえば、事業ポートフォリオ・マネジメントでは理論よりも実践のほうが難しいからです。

たとえば、紙の上の理論だけで「元気のいい事業から資源を引き揚げて他の事業に回す」という結論になっても、実際にそれを実行する相手は生身の組織と人間です。

彼らの抵抗やモチベーション・ダウンをうまくマネージできないと、紙の上では「正解」であった意思決定がいざ実行してみると成果を上げずに終わる危険性があります。さらに極端な場合には、ある事業を潰すという意思決定を行う場合もありますが、実行のやり方を間違えると組織風土が傷んでしまいます。

事業間のシナジー・マネジメント

異なる事業を一つの企業の下で運営している以上、本社の立場から見れば、異なる事業を異なる企業がバラバラに運営しているときよりも、一つの企業が異なる事業を同じ傘の下で運営したほうがパフォーマンスが良くなるように持っていきたいと思うのは、当然です。

複数の事業が相互に作用しあって、それぞれがバラバラに運営しているときよりもパフォーマンスが向上する現象を、「シナジー」と言います。すなわち、シナジー（相乗効果）とは、1＋1が2ではなく2以上になることです。全社戦略において、個別最適に対して全社最適を考えるときの重要な視点が、「シナジーが効くかどうか」です。その意味では、シナジー・マネジメントは全社戦略における最も重要な要素と言えるでしょう。

代表的なシナジーの効かせ方としては「共用（シェア）」や「移転（トランスファー）」がありますが、共用（シェア）の例でお話ししましょう（図表1－5）。A事業部とB事業部がそれぞれ無関係に取り組むよりも、両事業間で一部機能を共通化（シェア）したほうが、は

図表1-5　事業間のシナジー・マネジメント

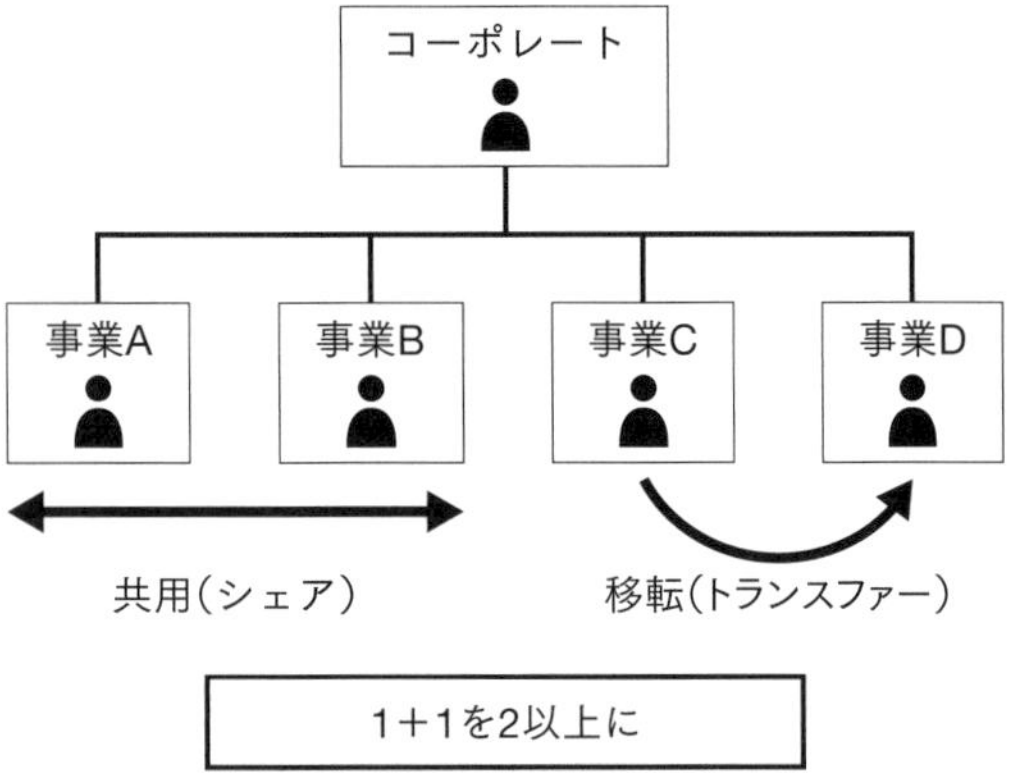

るかに成果が出せる場合があります。

たとえば、A事業部とB事業部が生産している異なる製品を、実は同じ顧客が欲しがっているとしましょう。そのような場合、二つの事業部が同じ顧客にバラバラに営業するよりも、営業を一本化して単一の営業担当者が異なる事業部の製品を売りに行ったほうが、全社としてのパフォーマンスが良くなることがあります。すなわち、営業シナジーが効くのです。

この例では、本社から働きかけなくても、A事業とB事業の事業部長同士が相談して営業を一本化しようと言い出して実行すればよいのですが、そのようなことが自然と起きるケースはごく稀でしょう。なぜならば、事業部長から見れば、事業の結果に責任を負っている以上、自分の事業の営業はすべて自分の思い通りに動かしたいと思うのが、人間の自然な心理であるからです。

営業担当者を共有すれば、自分たちの製品をもっと売り込んでほしくても、他事業の都合も考えざるを得ないので何らかの制約が生じやすくなります。結果を出すというプレッシャーを受けている事業部長としては、いちいち他事業部と相談しないと動いてくれない営業は使いにくいのです。そのような場合は、本社が介入して、A事業とB事業の間で営業を共有するように整備することが必要になります。シナジーについては、第3章で詳しく取り上げたいと思います。

全社事業ドメインの設定とマネジメント

全社事業ドメインとは、「我が社は多数の事業を営んでいるが、どのような事業であれ、この領域の中で事業を行う」という領域であり、それを設定すべきかどうかを考えることも全社戦略の大切な要素です（図表1－6）。個別事業戦略においては事業ドメインを明確に決めておいたほうがいいのですが、その一方で、全社事業ドメインを定めることは必ずしも必須というわけではありません。

図表 1-6　全社事業ドメインの設定とマネジメント

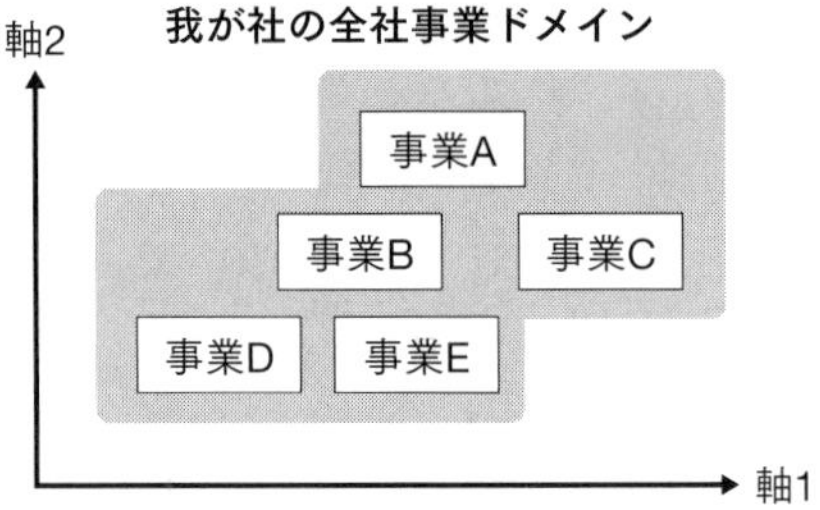

Where：自社の立ち位置はどこに定めるのか
↓
How　：どうやって各事業をマネージして「ドメイン」に意味を持たせるのか

実際に、個々の事業があまりにも違うので、全社事業ドメインは不要とする考え方もあります。特に、傘下に多様な企業を持つ持株会社であれば、各社がバラバラのことをやっていても構わないという考え方も十分成立します。

しかしながら、異なる事業といえども、共通の全社事業ドメインの中で活動したほうが効果的だと経営者が信じるのであれば、全社事業ドメインを決めることは経営者および本社の仕事になります。

その場合、当然ながら、単に全社事業ドメインを決めるだけではなく、各事業がどのような事業をやろうと、設定した全社事業ドメインから逸脱しないように徹底させることも本社の重要な仕事になります。

全社として特定の事業ドメインにこだわることに意味があるかどうかは、経営者や本社が考えて意思決定し、実行していかなくてはなりません。全社事業ドメインに関しては、第4章で全社ビジョンと一緒に触れていきます。

全社ビジョンの作成と徹底

企業理念・ビジョンを重視する経営者が多いのですが、これも全社戦略で検討すべき大切な論点です。それぞれ異なる事業を営んでいるのであれば、事業ごとに異なるビジョンを持つべきなのでしょうか。それとも、たとえ異なる事業に携わっていても、同じ企業として共通のビジョンを持つことに意味があるのでしょうか（図表1－7）。

これも企業ごとに答えは異なるのですが、全社共通ビジョンがあるほうがいいと考えた場合には、その作り方と運用が問われます。美しい言葉が壁に張り出されているだけで、社員の実際の行動に何の影響も与えていないようでは何の実利も生まないビジョンで終わってしまいます。

そのビジョンによって、異なる複数事業に携わる人たち（場合によっては社員に限らず、

図表 1-7　全社ビジョンの作成と徹底

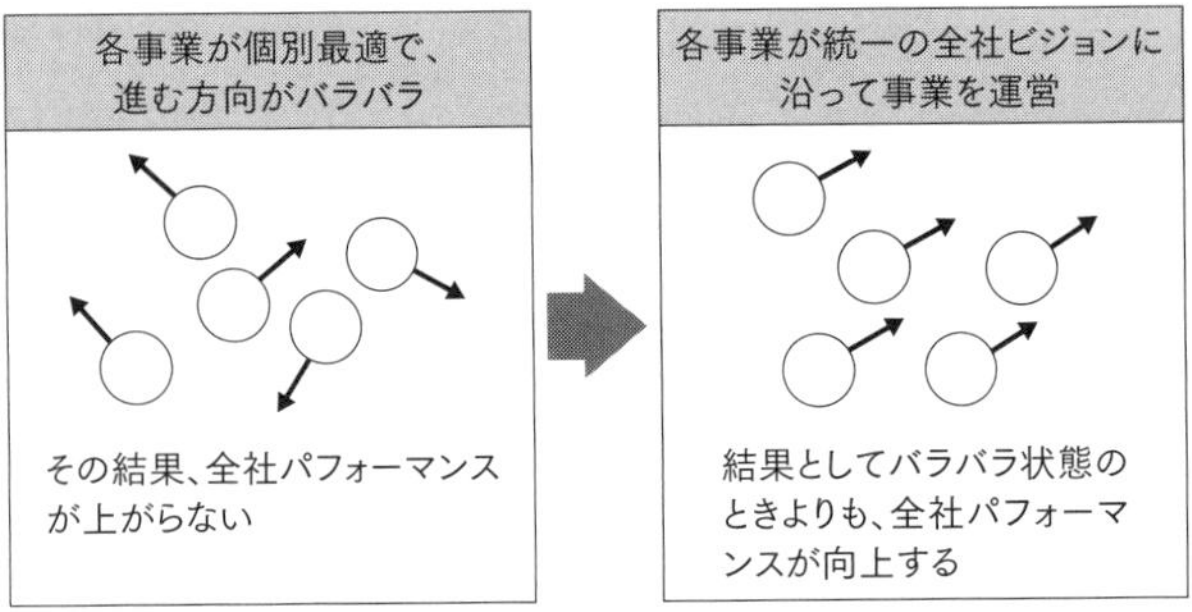

Where：どこに行くのか
How　：どうやって各事業を同じ方向に向かせるのか

顧客・取引企業、株主、社会全般等のステークホルダー）に具体的にどのような効果があるのかを考えて全社ビジョンの作成と実行を行う必要があります。全社ビジョンについては、全社事業ドメインと一緒に第4章で取り上げます。

全社組織の設計と運営

企業の組織図を見ると、本社の下にいくつかの事業部が並んでいます。じっくりと見ていくと、営業やR&D（研究開発）、生産工場、ITシステムなど特定機能を取り出して事業部の外に独立の組織を作っている場合もありますが、逆に事業部の中にそのような機能が置かれている場合もあります。企業によって組織の作り方は千差万別な

図表 1-8　全社組織の設計と運営

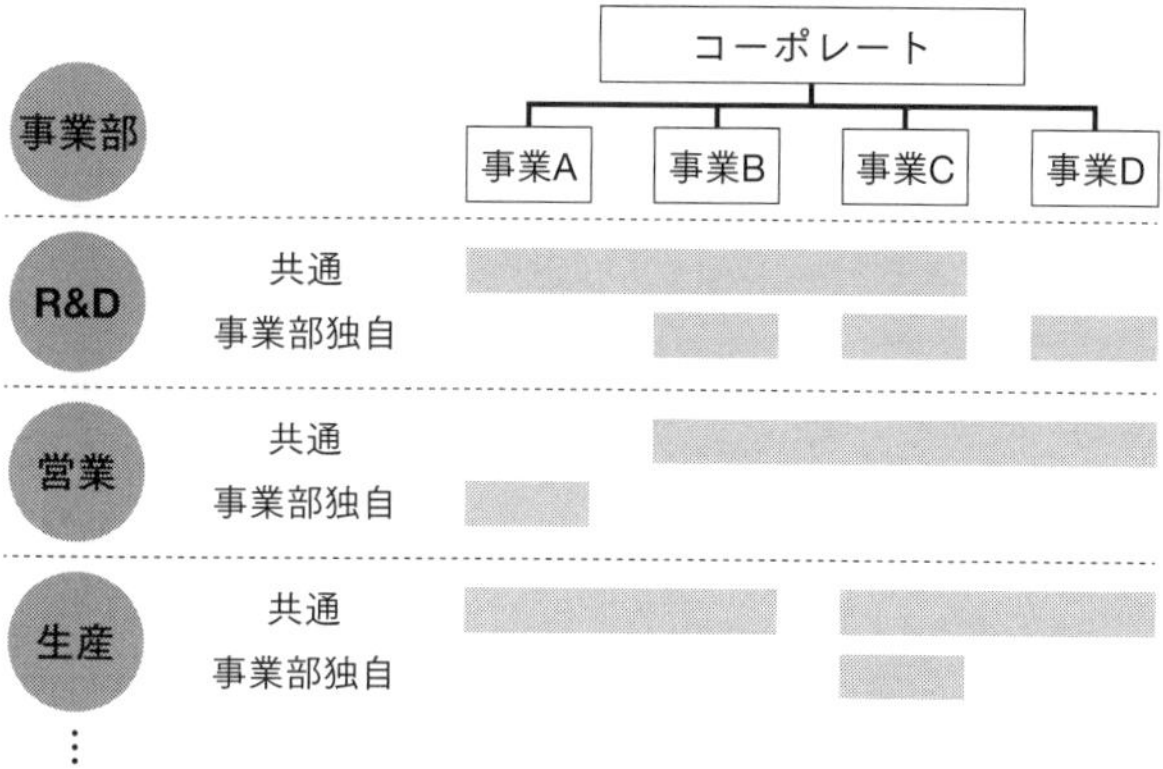

のです。自社内の事業や機能をどのように切り分けて組織を作るかは、本社が考えるべき全社戦略の一つです（図表1－8）。

たとえば、A、B、Cと三つの事業の製品について、同じ工場で作ったほうがいいと信じるのであれば、A、B、Cの三事業部の横に生産本部という別の組織を設けて、そこで一括して異なる事業の異なる製品の生産活動を行うようにするべきでしょう。また、単に箱を形作るだけでなく、生産を共通化するに当たって必要なルールを整備するなど、運用面の設計と実行が必要です。

この点に関しては、事業部長に任せると、自分の事業部の都合を優先させてしまうため個別最適のぶつかり合いになり、全体最適が達成されない危険性があります。本社が事業部と相談しながら、全社最適の観点で事業と機能の切り分けを設計していかなくてはなりません。

さらに、事業だけでなく、そもそも本社が何をすべきかに関しても十分に検討する必要があります。たとえば、経理部が本社にあれば、事業部に経理部は不要なのでしょうか。各事業部に経理部を置くときは、本社の経理部はどんな役割を果たせばよいのでしょうか。

そのような点も加味しながら全社の視点で組織設計を行い、実際に組織（ハコ）を作ったら人材を配置し、それぞれの事業、機能を運営する必要があります。全社組織の話は第5章で解説したいと思います。

全社ガバナンスと全社人材マネジメント

紛らわしいのですが、本書で取り扱うのは、本書執筆時点で話題になっているコーポレートガバナンスではありません。企業の所有者が企業（コーポレート）をいかに統治するか、というのがコーポレートガバナンスの論点ですが、これは本書の対象ではありません。これに対して本書では本社（コーポレート）が傘下の各事業をいかに統治するか、という論点のみを少しだけ取り上げたいと思います（図表1－9）。この論点については、補論1で取り

図表 1-9　全社ガバナンス

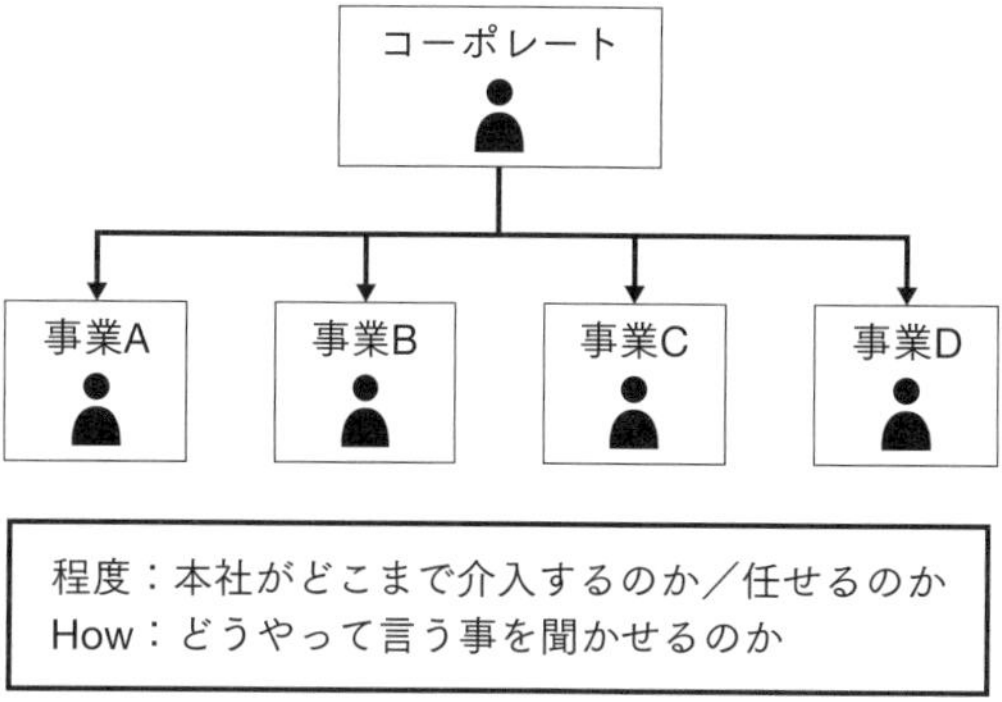

上げます。

また、全社戦略と人材マネジメントはどう関連づけるべきでしょうか。そもそも人材マネジメントにおいて本社が主導あるいは関与すべきなのか、あるいは各事業部に任せるのかを決めるのが、本社の仕事です。現実的には、一部を事業部に任せ、一部は全社で行う場合が多いのですが、その場合は、本社と事業部の役割分担を決めて運用しなければなりません。

もちろん定まった解はなく、各企業の状況によってケース・バイ・ケースですが、一般論としては本社の関与はますます大きくなっていくでしょう。

なぜならば、変化のスピードは加速する一方なので、そもそもある事業が数年後も存続しているかどうかがわからない時代です。事業そのものが早いサイクルで生まれたり消えたりするのであれば、事業を単位とした人材マネジメントは難しくなり、事業を超えた本社の役割が需要になります。

また事業が複数化し、グローバル化すると、さまざまな人材を事業、地域、機能、国籍・文化をまたいでマネージする必要が増大し、各事業に閉じた人材マネジメントでは対応しきれなくなるため、本社による人材マネジメントが必要となります。全社人材マネジメントについては、補論2で簡単に触れたいと思います。

株主マネジメントと企業価値の向上

どれほど異なる複数の事業を運営している企業であっても、株主から見れば一つの企業であり、企業価値は一つです。したがって株主から見れば、複数事業全体を総合した形で経営状況や財務状況を知りたいと思っているわけです（もちろん親子上場を行っている企業の場合は、話はもう少し複雑になりますが）。そのため、株主のマネジメントと企業価値の向上は、本社が担当すべき重要な仕事となります（図表1－10）。

どのように企業価値を最大化させるか、すなわちどのように株価を上げるか、どのように配当を出すのかに関しては、経営学でも「コーポレートファイナンス」という一つの確立さ

図表 1-10　株主マネジメントと企業価値の向上

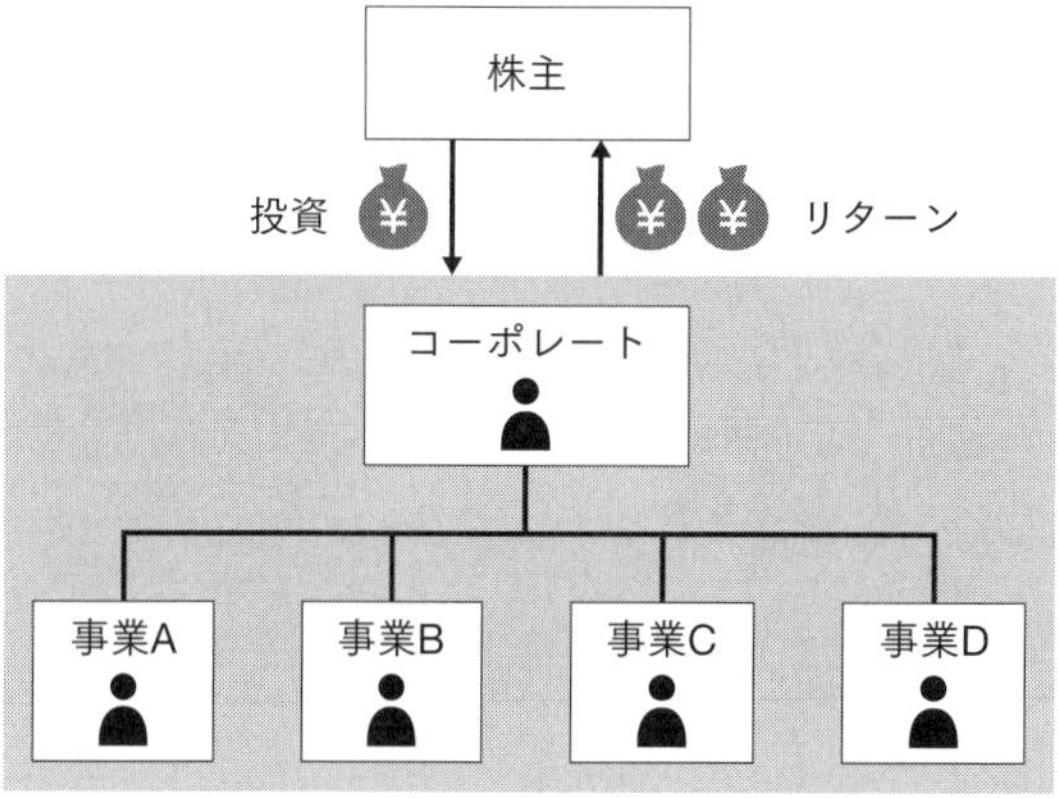

れた研究分野となっています。企業価値向上については、コーポレートファイナンスの書籍が既に多数出版され、さまざまな理論が提唱されているので、本書では扱わないこととします。

それでは以降の章で、それぞれの切り口から、全社で考えるべき主要ポイントについて私の考えを紹介していきたいと思います。

第2章

事業ポートフォリオ・マネジメント

第1章では、本社がやるべきことは何か、全社戦略にどのような要素があるかをリストアップしました。第2章からは、個々の要素について詳しく見ていきます。この章では、全社戦略の中で代表的な事業ポートフォリオ・マネジメントを見ていきましょう。

一つの企業の下に複数の事業がある場合、経営者あるいは本社部門としては、有限な資源を事業間でどのように最適配分するかで悩むことになります。具体的には、

- どの事業に資源を重点配分するのか
- 逆にどの事業に対しては資源投入をやめたり、あるいは資源を取り上げるのか
- 極端な場合はどの事業から撤退するのか
- さらには新規に事業を始めるべきかどうか

を考える必要があります。これは全社戦略でもよく研究されている分野です。本書では、事業ポートフォリオ・マネジメントの代表的な手法であるプロダクト・ポートフォリオ・マネジメントの理論を解説し、その上で実務で使う場合のポイントや陥りがちな罠を取り上げます。

異なるタイプの事業をどう評価すればよいのか

全社戦略でプロダクト・ポートフォリオ・マネジメントが必要になったのは、企業が成長して多角化し、複数の事業を持つようになったのはよいが、各事業の違いがあまりにも大きくてどう評価していいかわからない状況になってきたからです。

たとえば、同じメーカーが携帯電話と発電施設を作っているとしましょう。携帯電話事業では半年ごとに次々と新製品を出す必要があります。一方、発電施設は計画してから運転開始までに一〇年以上かかり、その後も発電施設は数十年は稼働し続けます。この場合、本社から見てどちらの事業に資源を投入すべきなのでしょうか。

あるいは、事業Aは半年でリターンが出始めなければ成功の見込みが低いという事業特性があるのであれば、半年後には事業を続けるのかやめるのか、意思決定を速やかに行わなければなりません。一方、事業Bは長期にじっくりと投資するタイプの事業特性で、最初の一〇年は必ず持ち出しとなるが、事業が成功した場合は一〇年目以降からは大きなリターンが見込まれているとしましょう。

そうであれば、事業Aは最初の一～二年でリターンがなかったらこれはもう失敗で、抜本的な事業の改革、あるいは撤退を検討すべきでしょう。しかし、事業Bは最初の数年でリターンが出なくてもやめるべきではないのです。

このようにまったくタイプの異なる事業があった場合に、ヒト、モノ、カネなどの資源をどのくらい投入し、どのような状況になったときに事業にてこ入れすべきなのか、あるいはやめるべきなのかを、同じ物差しで判断することは非常に難しいのです。

この問題に対する最初の意思決定のコンセプトを提唱したのが、コンサルティング会社のボストン コンサルティング グループ（以下「ＢＣＧ」）であり、有名なプロダクト・ポートフォリオ・マネジメント（以下「ＰＰＭ」）を打ち出したのです。

余談ですが、最初のPはプロダクト（Product）なのですが、実際には事業（Business）を指しており、名前と実態が合致していません。本来ならばＢＰＭ（ビジネス・ポートフォリオ・マネジメント）と呼ぶべきでしょう。しかし、ＰＰＭという名称であまりにも有名になってしまったため、今日でも相変わらず多くの人が「ＰＰＭ」と呼び続けています。

BCGのPPM

ＢＣＧのＰＰＭは２×２のマトリクスで描かれます（図表２－１）。

縦軸には、ある事業の市場成長率を使います。自社におけるその事業の売上成長率ではなく、競合他社も含めた市場全体の成長率を用います。

横軸は、相対的マーケットシェアです。「相対的」なので、自社を除いて一番マーケットシェアが大きい競合を１としたときに、自社のマーケットシェアがどうなるかを割り出します。

たとえば、自社がトップシェアであれば二番手のシェアと比べます（自社が二番手の二倍の大きさなら、２・０）。自社が業界二位以下であれば、一位の企業と比較して、自分が一番手の企業の半分（０・５）か、四分の一（０・２５）かというように見ていきます。

余談になりますが、なぜかＰＰＭの横軸は、相対的マーケットシェアが大きいほうが左に来ます。数学でよく使うグラフとは大小が反対になっているのです。これも、ＢＣＧが当初に用いた形のまま世界中に普及していったので、いまだにこれが定番となっています。

図表2-1　BCGのPPM

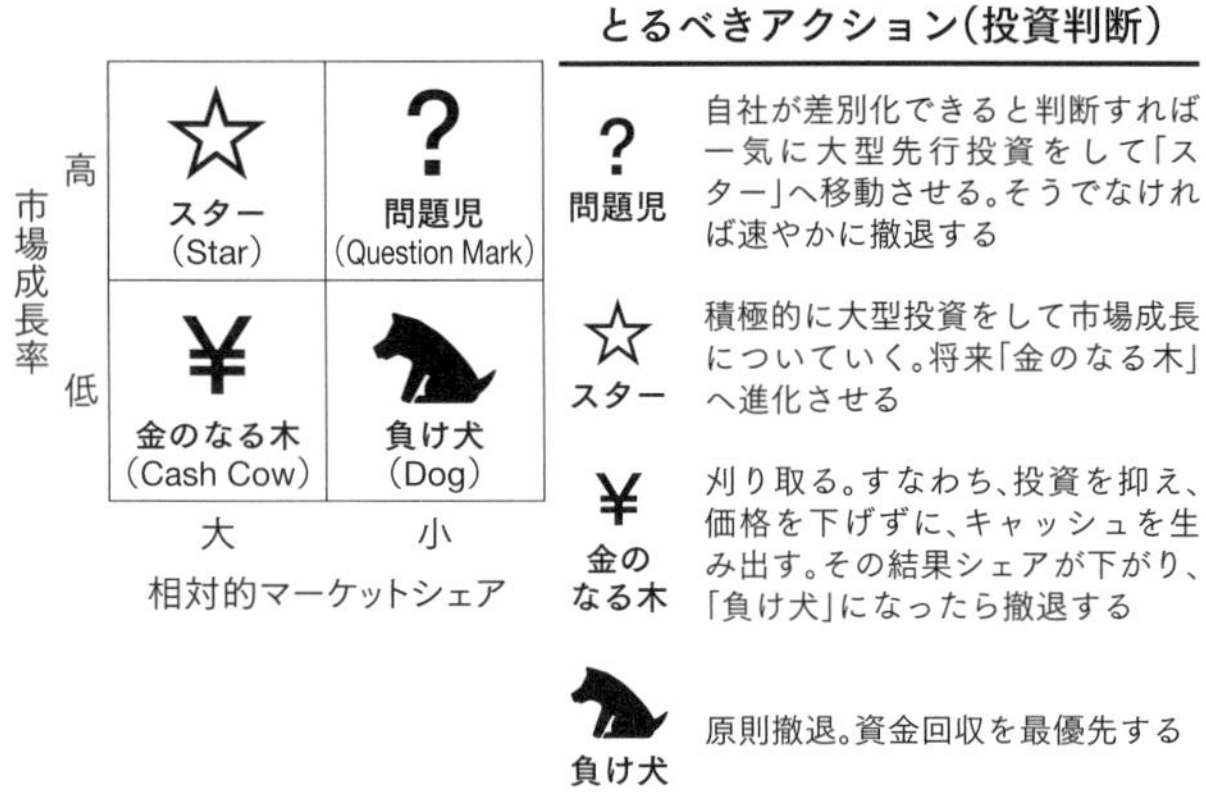
市場成長率
高
低
スター
(Star)
問題児
(Question Mark)
¥
金のなる木
(Cash Cow)
負け犬
(Dog)
大
小
相対的マーケットシェア
とるべきアクション（投資判断）
?
問題児
自社が差別化できると判断すれば一気に大型先行投資をして「スター」へ移動させる。そうでなければ速やかに撤退する
☆
スター
積極的に大型投資をして市場成長についていく。将来「金のなる木」へ進化させる
¥
金のなる木
刈り取る。すなわち、投資を抑え、価格を下げずに、キャッシュを生み出す。その結果シェアが下がり、「負け犬」になったら撤退する
負け犬
原則撤退。資金回収を最優先する

この二軸で四象限を作って各事業を当てはめ、象限ごとに資源配分を変えるというのが、PPMの基本的な考え方です。では、各象限は何を意味しているのでしょうか。

問題児（Question Mark）

右上の象限です。この象限に入るのは、市場成長率が高く、たとえば市場が年率二〇%で伸びている一方で自社のシェアは小さく、ポジションは下位にある事業です。

市場成長率を「市場魅力度」の代理指標であると考えれば、自社が魅力ある市場にいるので良いニュースです。

ところが、悪いニュースもあります。成長市場では多額の投資が必要とされるのです。仮に市場が年率二〇%で伸びている場合、自社の売上を最

低でも同じ年率二〇％のペースで伸ばさないと、自社のマーケットシェアはあっという間に低下してしまうからです。シェア低下がそのまま続けば、最後には市場から撤退せざるを得なくなるでしょう。

競争から振り落とされないように、最低でも年率二〇％で売上を伸ばすために何らかの手を打たなくてはなりません。営業担当者の数を増やして売り込みをかける、研究所で次々と新製品を開発して売り出す、工場を大きくして年間生産量を増やすなど、打ち手はさまざまありますが、何をするにせよ、当然ながらお金がかかります。

さらに、現状での業界内ポジションは低いので、そこから這い上がって上位に食い込むには、市場成長率の二〇％をはるかに上回って成長しないといけません。できれば三〇～四〇％で売上を伸ばしたいところです。つまり、ますます投資が必要になります。

このように、市場が伸びていることは有望なのですが、かなりの投資を続けないと負けてしまうというのが、この象限が示唆する状況です。

ここでのアクションは、競合他社を上回る大型積極的投資を一気に行うか、その気がないならむしろ素早く撤退するかの二者択一です。そのどちらも選択せずに、中途半端にずるずると事業を続けるのは最悪の選択になるでしょう。

スター（Star）

左上の象限です。この象限に入る事業は、市場が大きく伸びており、自社は業界トップもしくはトップクラスにつけています。

これだけ聞くと、市場も魅力的で自社も強いので申し分のない状況に見えますが、実は「問題児」の事業と同じ問題を抱えています。すなわち、たとえ現状ではトップでも、市場が急速に伸びているので、それと同じか、あるいはそれを上回るペースで売上を伸ばさないと、自社のマーケットシェアは低下していき、すぐに下位のポジションに転落してしまうのです。

トップの座を守るには、大きな投資を継続して行う必要があります。したがって損益上は利益が出ているかもしれませんが、ネット・キャッシュフローはむしろマイナスになる場合も多いのです。要するに「スター（花形）」事業ですが同時に「金食い虫」なのです。

特に、自社がトップあるいは上位のポジションであれば、それだけ事業規模も大きいので、必要な投資額も莫大になります。

したがって、求められるアクションは、積極的に大型投資を行い続けて、市場成長に合わせて（あるいはそれを上回って）成長していくことになります。

金のなる木（Cash Cow）

左下の象限です。この象限に入る事業は、市場の成長が鈍化し、微増か横ばい、もしくは縮小に向かいつつあります。とはいえ、自社は成長時代に競争に勝ち抜き、トップもしくはトップクラスのポジションを守っています。

市場が成長していないことは悪い話のようですが、別の見方をすれば、それほど投資をしなくてもよくなっているはずです。しかも業界トップクラスなので、おそらく損益上も利益が出ているし、ネット・キャッシュフロー上もキャッシュを生んでいるはずです。

すなわち、投資キャッシュフローと営業キャッシュフローでプラス・マイナスを相殺すると、ネットで見てキャッシュが潤沢に生まれている状況にあると考えられます。この象限は英語でCash Cowと命名されています。よく乳を出す牝牛のように豊富にキャッシュを生み出すことを意味しています。

ここでとるべきアクションは「刈り取り」です。すなわち、市場と競合の状況をよく見ながら、過剰投資を防いで、徹底的にオペレーションを効率化してコストを下げます。市場の成長が止まった、あるいは縮小しているので、追加投資してキャッシュをつぎ込むよりも、むしろキャッシュを刈り取る方向へと戦略を転換しなくてはならないのです。

負け犬（Dog）

右下の象限です。この象限に入る事業は、市場が伸びておらず、自社のシェアも小さく、業界下位のポジションに甘んじています。マーケットシェアが小さいので、おそらく儲かっていないでしょう。つまり、市場面では将来性がなく、競合面では負けているという、いいところなしの状態と言えるでしょう。

もちろん、たとえ成熟あるいは縮小する市場であっても、自社がトップポジションであれば、「残存者利益」を享受できる可能性はありますが、残念ながら自社は下位ポジションです。したがって、おそらく事業を続ける意味がないのです。

ここでのアクションは原則として撤退することでしょう。資金回収を最優先にしながら撤退します。資金回収が難しければ、とにかく傷口を最小化し、速やかに撤退したほうがよいのです。

なぜBCGのPPMが一世を風靡したのか

ＢＣＧが一九七〇年代初めにＰＰＭのコンセプトを提唱したところ、多くの企業がこぞって採用し、一大ブームとなりました。ＰＰＭが重宝された理由は二つあります。

第一に、事業をどう評価するかで悩んでいる企業にとって、市場成長率と相対的マーケットシェアという軸を使えば、まったく特性が異なる事業でも同じ物差しで測れることです。しかも市場成長率と自分と競合他社のマーケットシェアという、比較的集めやすいデータで分析ができるのです。

第二に、分析のための分析に終わらず、アクションにまで結びついていることです。世の中にある多くの経営学のフレームワークは、分析して何らかの事実は明らかになったとしても、"So What"すなわち「それじゃあ具体的にどんなアクションを取ればよいのか」まではわからないというケースが多いのです。ＰＰＭであれば、スターは積極投資、金のなる木は投資を抑制して刈り取る、問題児は積極投資か撤退かの二者択一、負け犬は原則撤退、というように、アクションが明快で、非常に使いやすかったのです。

もう一つＰＰＭには優れた点があります。その後に提唱されるようになった「キャッシュフロー経営」の考え方を先取りしていたのです。

どの事業にどのくらい資源を配分するかは結局のところ、どこからキャッシュを生み出し、どこにつぎ込むかということです。「事業の本質は利益ではなくキャッシュである。損益計算書だけを見ていては経営判断を間違える。キャッシュフロー計算書も見ながら経営を考えるべきである」という「キャッシュフロー経営」が後日、重要視されるようになったのですが、PPMはそれ以前からキャッシュフロー経営を重要視した経営コンセプトだったのです。それでは、キャッシュフロー経営という視点でPPMを見てみましょう。

全体最適の観点でキャッシュを再配分する

図表2−2を見てください。PPMでは縦軸を市場成長率、横軸を相対マーケットシェアとしています。これをキャッシュフロー面で見てみましょう。実は縦軸は、キャッシュフローの需要（キャッシュフロー計算書的表現では「投資キャッシュフロー」）を示す代理指標になり得るのです。この軸を上に行くほど、市場が伸びているので市場成長についていくために多大な投資が必要になります。すなわち、キャッシュをつぎ込む必要があります。逆に下に行くほど、投資のためのキャッシュはあまり必要がなくなります。

一方、横軸は、キャッシュフロー創出力（キャッシュフロー計算書的表現では「営業キャッシュフロー」）の代理指標と言えるでしょう。単純化しすぎかもしれませんが、マーケッ

図表 2-2　PPMの本質は資源（特にキャッシュ）の再配分

トシェアが大きければ総じてその事業は成功しており、利益も出ているし、おそらくキャッシュを生み出していると考えられます。

マーケットシェアが小さければ、それほどキャッシュを生み出さず、下手をすれば赤字事業、場合によってはキャッシュフロー的にもマイナスになっている可能性があると考えられます。

キャッシュフロー需要（マイナス）とキャッシュフロー創出力（プラス）を重ね合わせたのが、図表2－3です。

「スター」の事業にはキャッシュが必要ですが、同時にキャッシュも生み出しており、天秤で表すと、プラスとマイナスの両方が大きく、相殺するとネットでプラスなのかマイナスなのかは微妙な状況です。

「金のなる木」の事業はキャッシュ創出が上回ってい

図表 2-3　キャッシュフローからみた PPM

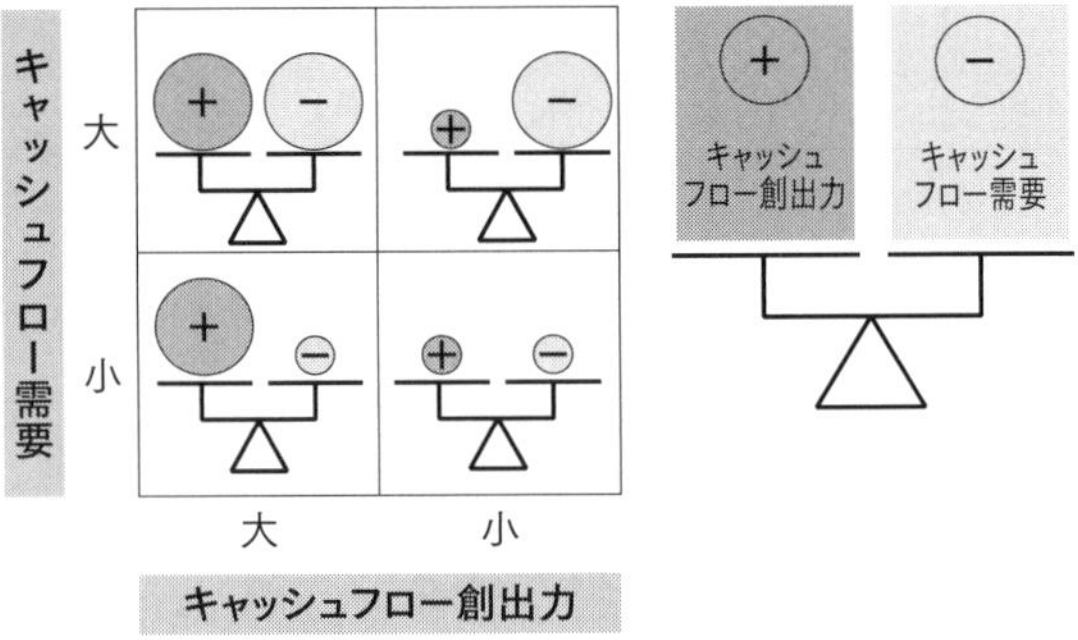

図表 2-4　投資（キャッシュ）のマネジメント

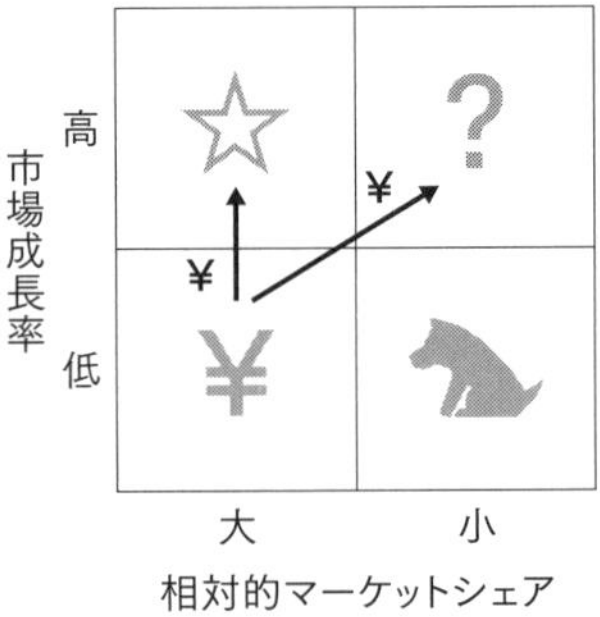

るので、ネットではプラス、すなわちキャッシュを生む事業です。一方、それほどキャッシュは生み出しておらず、全体のキャッシュフローはマイナスになっていると考えられます。「問題児」は成長のために膨大なキャッシュが必要ですが、おそらく全体ではマイナスでしょう。「負け犬」はプラスもマイナスも小さいのですが、

したがって、キャッシュが余る「金のなる木」の事業からキャッシュを吸い上げて、キャッシュを必要としている「問題児」や「スター」の事業にキャッシュを再配分する方向で、会社全体として事業ポートフォリオをマネジメントしようという考え方になるのです（図表2－4）。

事業部任せにすると何が起こるか

ＰＰＭは全社の視座から状況を分析して意思決定するためのコンセプトです。したがって、実際に個々の事業部で日々の業務に従事している現場の人たちの視座とは異なります。言い換えると、資源配分をそれぞれの事業部に任せておくと、個別最適に陥りやすく、必ずしも全体最適にならない場合があります。自分たちの事業が生み出したキャッシュは自分た

ちで使いたいので、他事業に回そうとはしないからです。

あるいは、投資を必要とする事業部が、事業部内で何とかやりくりしようとする例もよく見受けられます。市場が大きく成長してチャンスがあるから、新しい製品を出したい、販路を拡大したい、世界中に売り出したいと思っていても、そのための投資や人手が足りない。ややもすると、現在その事業部が保有するヒト・モノ・カネの範囲内で、できる限りの小さなことをしようとします。

たとえば、営業担当者の数が二倍になればもっと販路を拡げて売り込めるのに、現状の枠組みの中で考えて既存の営業担当者の頑張りだけで何とかしようとするため、せっかくの事業機会をつかみ損ねるのです。そうならないためには、一つ上の全社レベルでヒト・モノ・カネを大胆に投入していく必要があります。

事業が成長して大成功を収めても、市場の成長が鈍化してくると、やはり全社の視座が必要です。事業部の人は当然ながら何とか事業を成長させ続けて踏み留まろうとするからです。

今まで手をつけていなかった小さいセグメントも取り込もうと、かゆいところに手が届くような新製品を開発するため、製品数が増えていきます。ニッチ向け市場は規模が小さく、製品開発に手間がかかるにもかかわらず、そういう領域に次々と手を出してしまうため、収益率は下がっていきます。

営業活動においても、市場成長が鈍化するにつれて、これまで手をつけなかった魅力度の乏しい顧客にも売り込みをかけ始めます。その努力によって多少の成果は出たとしても、営業の手間がかかる割には思ったほど売上は伸びないことが多いのです。

もちろん、その事業を任された事業部長や事業部スタッフは一生懸命に取り組むべきなのです。一方、一歩引いて全社の視点で見れば、その事業部は、実は不毛な努力へと走っている場合もあります。つまり、事業部とは異なる立場にいる本社が、あなたの事業はニッチには出なくていい、それよりもどんどん効率化してキャッシュを生み出し、そのキャッシュを他の事業に回してもらうことがミッションだと言ってあげない限り、不毛な投資という罠にはまってしまうのです。

事業の盛衰のマネジメント

ＰＰＭの使い方は、資源配分だけではありません。どのように新しい事業を生み出し、育

図表2-5　事業の盛衰のマネジメント

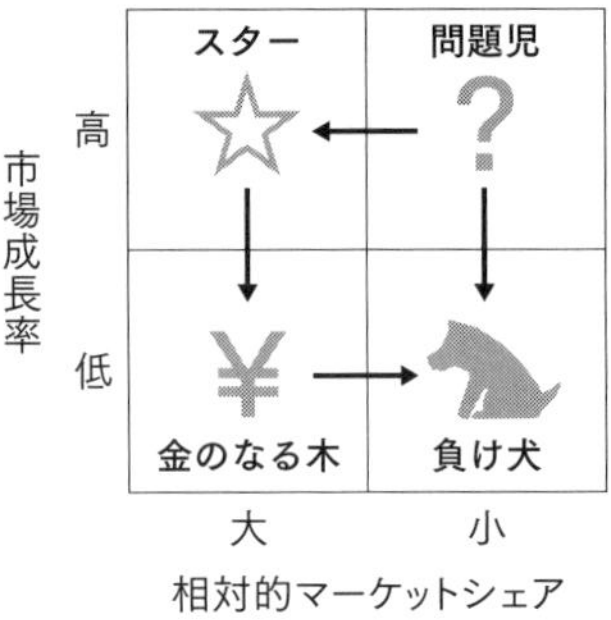

て上げ、それをやめるのかという、事業の盛衰のマネジメントにも使うことができます（図表2－5）。

典型的なパターンは、最初に新しい事業を生み出すときです。多くの場合、伸びている市場に目をつけ、将来の期待成長率が高くなると見込んで、ゼロから事業を立ち上げていきます。

当然ながら、最初のうちは市場ポジションも低く、マーケットシェアが小さいので、キャッシュをつぎ込み、問題児からスターに移行できるように事業を育てていきます。首尾よくスター事業に移行したら、トップポジションを維持するためにもさらに積極的に投資を続ける必要があります。

その後、市場成長率を注意深くウォッチします。市場成長率はいずれ鈍化するので、スターから金のなる木に移行していきます。金のなる木に移ったら、積極投資から投資を抑える効率経営に転換し、キャッシュを生む事業へとマネジメントを切り替えなくてはいけません。

市場が縮小を続けていく、あるいは、マーケットシェアが低下して負け犬になったら、どこかの段階で本社が引導を渡して、その事業から撤退します。特に、撤退は事業部から決して言い出せない（言い出すべきでもない）ことなので、上の層にいる経営者や本社が全社最適の観点で、撤退の意思決定をしなくてはなりません。

このように、一つ上の全社の視点からそれぞれの事業がどのような状況にあるかを把握し、次のアクションを考える盛衰のマネジメントにもPPMを活用することができるのです。

キヤノンのPPMの変遷

ここで、キヤノンを例に四五年にわたる事業ポートフォリオの変遷を見ていきましょう。この事業ポートフォリオ分析はもともとBCGのパートナーの相葉宏二氏が『ヴァリューポートフォリオ戦略』（プレジデント社、一九九三年）の中で使ったものです。その後、同じくBCGのパートナーの水越豊氏が『BCG戦略コンセプト』（ダイヤモンド社、二〇〇三年）の中で再度使っている事例です。本書では、そのデータをBCGの協力を得てアップデートしています。

一九七〇年頃の状況

まず一九七〇年頃の状況から見ていきましょう（図表2－6）。ちなみに円の面積は売上の大きさを示しています。日本は高度経済成長期にあり、どの事業も急成長していて、上半分の象限に入っています。一眼レフは二〇％、電卓に至っては四〇％の市場成長率です。低成長の現在（二〇一八年）から見ると羨ましい限りで、日本にもこんな時代があったのかと思うと感慨深いものがあります。当時はあらゆる市場が伸びており、どこに投資してもチャンスがあるバラ色の状態でした。

次に横軸を見ていくと、キヤノンはもともとカメラメーカーで、特に当時は一眼レフでは業界ナンバーワンです。コンパクトカメラも真ん中の線上にあるので、二番手と僅差とはいえトップです。一方、電卓、交換レンズ、マイクロ写真機は、業界では下位メーカーに甘んじています。世界初となるテンキー式電卓を売り出したのですが、横軸を見ると既に業界トップではなく、実際、後発のカシオに抜かれています。開発中なのでこの図には現れていま

図表 2-6　キヤノンのPPM（1970年頃）

事業ポートフォリオ

● 世界初のテンキー式電卓を発売（1964年）
● 複写機の開発に投資

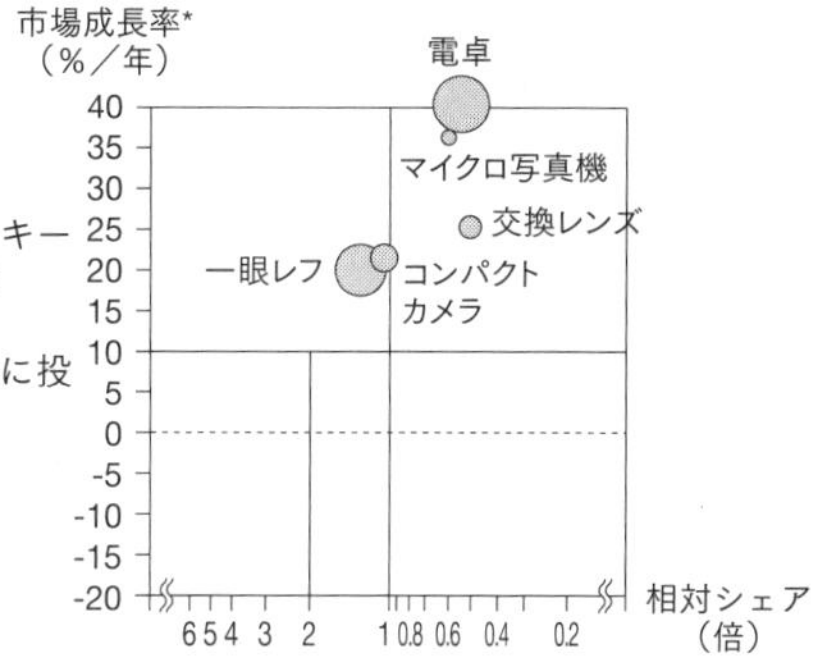

＊1967 ～ 71年

事業ポートフォリオ上の課題・実践上のチャレンジ

事業ポートフォリオ上の課題：ほとんどの事業が上半分の「スター」あるいは「問題児」

- 良いニュース
  - 多くの事業が魅力ある市場（成長市場）にある→将来が楽しみ
- 悪いニュース
  - 一方、かなりの事業が下位ポジション
  - 市場の急成長をはるかに上回る売上成長を達成しないとさらにポジションは下がる
  - したがって市場の成長をはるかに超えて事業を成長させるために多額の投資（キャッシュ）が必要
  - ところがキャッシュを生み出す「金のなる木」事業がない

実践上のチャレンジ

- いかにして積極投資のための資金を調達するのか
- すべての事業に積極投資を行うだけの資金力はない場合……
  ▷いかにして積極投資する事業を少数選択するのか
  ▷それ以外の事業は（たとえ成長事業で魅力的でも）撤退するのか

［注］　電卓、マイクロ写真機は販売高ベース、その他は生産高ベース。コンパクトカメラは35ミリレンズ・シャッターカメラ、一眼レフは35ミリフォーカルプレーンカメラ

［出所］『ヴァリューポートフォリオ戦略』（相葉宏二、プレジデント社）、および『BCG戦略コンセプト』（水越豊、ダイヤモンド社）をベースにBCGの協力を得て加筆・修正。以下、図表2-11まで同様

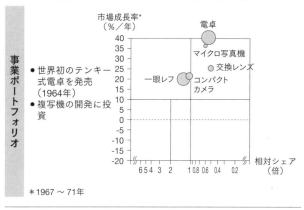

せんが、複写機開発に取り組み始めたのもこの頃です。

一九七〇年頃の事業ポートフォリオ上の課題ととるべきアクション

この時期のキヤノンの事業ポートフォリオ上の課題は何でしょうか。すべての事業が上半分の象限にあります。すなわち、成長市場で事業を営んでいます。これは良い面、悪い面があります。良い面は、そもそも成長している市場で事業を行っているので、キヤノンの事業も正しい手を打てばおそらく成長できることです。

半面、最低でも市場成長と同じスピードで成長しないと、マーケットシェアが下がっていき、最後には市場からはじき出されてしまう恐れがあります。特に右上の象限の事業は業界でのポジションも低いので、市場の急成長について行くだけではダメで、さらにポジションを上げるために市場の成長をはるかに上回る成長が必要になります。

たとえば、電卓は市場が四〇％で伸びているため、同じマーケットシェアを維持するだけでも年率四〇％で売上を伸ばさなければなりません。さらにトップ企業に比べて六割の売上規模なので、もし一年でトップ企業と肩を並べたければさらに四〇％の成長が必要です。すなわち、合計で年率八〇％の成長が必要になります。

　このような売上の急成長を達成するためには、大きな投資が必要になります。工場の生産能力の増強、販路の拡大、営業担当者の増員、あるいは新商品を次々に上市するなど、個々の事業によってとるべきアクションは異なるかもしれませんが、いずれにせよ多額のキャッシュが必要です。ところが一九七〇年頃のキヤノンには必要とするキャッシュを生み出す事業、すなわち「金のなる木」事業が一つもありません。要するにキャッシュをつぎ込むべき事業は多いのですが、キャッシュを生み出す事業がないのです。

　ここでコーポレートがとるべきアクションは何でしょうか。将来が楽しみな成長事業が多いのに、成長のために必要な投資ができなくては元も子もありません。当然ながらコーポレートがとるべき第一のアクションは、資金調達です。キャッシュを生み出す「金のなる木」事業がないので、外部から資金調達を行う必要があります。

　第二のアクションは、冷徹な事業の取捨選択です。どんなに奔走しても、おそらくすべての事業の成長に投資できる十分な資金調達は難しいでしょう。その場合、不十分な資金を各事業に均等に少しずつ配分するようでは、すべての事業が資金不足のために共倒れする恐れがあります。ですから、厳選した少数の事業に思い切って集中的に資源投入する。集中投入する資源はキャッシュだけでなく、人的資源などの非金銭資源も含まれます。

一九七五年頃の状況

一九七五年頃になると、ポートフォリオの構成も変わってきます（図表2−7）。たとえば電卓は、市場成長率が四〇%から一〇%台まで低下してやや落ち着いてきました。五年前のポートフォリオには登場していなかった複写機を売り出しており、市場は二五%で成長していますが、横軸では一位の競合（ゼロックス）に比べて五分の一の規模に留まっています。業界一位はコンパクトカメラだけですが、市場成長は完全に頭打ちです。その他の事業は、相変わらず市場が成長しているものの市場ポジションは低いという「問題児」事業です。

一九七五年頃の事業ポートフォリオ上の課題ととるべきアクション

これをポートフォリオ・マネジメントの観点で見たときの課題は何でしょうか。上半分の象限に入る事業については、市場が伸びているので、ここで勝ち残りたいという意思があるなら、多額の投資をしなくてはなりません。複写機のように年率二五%以上で市場が伸びているなら、同等もしくはそれ以上に売上を伸ばさないと、競争から振り落とされてしまいます。

図表 2-7　キヤノンの PPM（1975 年頃）

事業ポートフォリオ

- オイルショック
  →カメラ市場が低迷
- カシオが当時主流であった電卓の3分の1の価格（12,800円）のカシオミニを発売（1972年）
- 初の赤字決算・無配（1975年）
- レーザープリンタの開発に成功

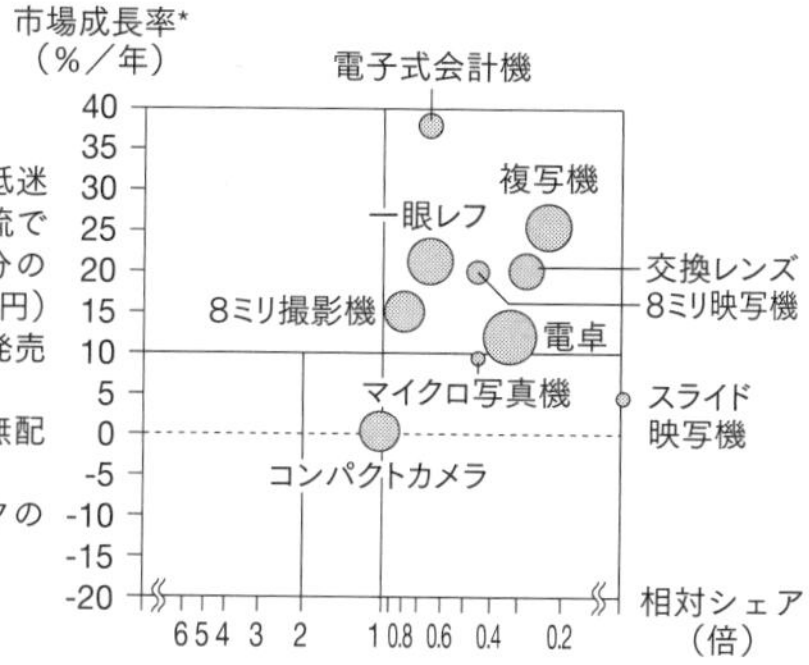

＊1971 ～ 75年。ただし電卓は1974 ～ 75年

事業ポートフォリオ上の課題・実践上のチャレンジ

全社戦略上の課題：5年前と同様、ほとんどの事業が右上の「問題児」

- 良いニュース
  - 多くの事業が魅力ある市場（成長市場）にある→将来が楽しみ
  - 「金のなる木」がやっと育ちつつある（コンパクトカメラ）
- 悪いニュース
  - しかしながらコンパクトカメラ事業一つだけでは多くの「問題児」事業の投資に必要なキャッシュは生み出せない
  - 依然として圧倒的なキャッシュ不足

実践上のチャレンジ

- 5年前と同様、すべての事業に多額の投資を行うだけの資金力はない
  ▷したがって積極投資する事業をいかにして少数選択するのか
  ▷それ以外の事業は（たとえ成長事業で魅力的でも）撤退するのか？

［注］　電卓、複写機、電子式会計機、マイクロ写真機は1974年のシェアを用いて算出。コンパクトカメラは35ミリレンズ・シャッターカメラ、一眼レフは35ミリフォーカルプレーンカメラ。半導体露光装置は上記ポートフォリオから除く

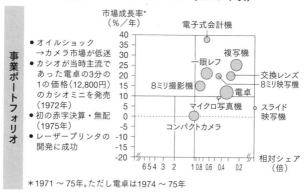

図を見ると、ほぼすべての事業が右上にあり、「問題児」だらけです。企業全体として巨額の投資が必要なことがわかります。万年下位メーカーから抜け出すためにも、市場成長率を上回って成長できるようにどんどん投資すべきです。

問題はその投資のためのお金をどこから持ってくるか、ということです。PPMの理論からすると、金のなる木が生み出したキャッシュを投資に使うことになるのですが、キャノンの場合、「金のなる木」象限に入りかけているのはコンパクトカメラのみです。

つまり、手掛けている事業はどれも急成長を遂げて将来が楽しみでも、つぎ込むべきキャッシュを生み出す役割の事業がコンパクトカメラ一つしかなく、そこからのキャッシュだけでは足りないという状況なのです。

実際に、キヤノンは一九七五年に初の赤字決算で無配に転落しています。このPPMの図を見ると、ほとんどの事業で積極投資が必要なのですが、一方でキャッシュを生み出す事業がほとんどないことは一目瞭然で、赤字になるのも無理からぬことです。

経営者の立場としては、問題児に該当する事業のすべてにキャッシュを投じられないので、心を鬼にして数を絞らなくてはなりません。どの事業に投資するかというよりも、どの事業に投資しないかの意思決定です。

図表2-8　キヤノンのPPM（1980年頃）

事業ポートフォリオ

- 一眼レフ「AE-1」発売
- コンパクトカメラ「オートボーイ」発売
- ファクシミリ機の発売（1980年）

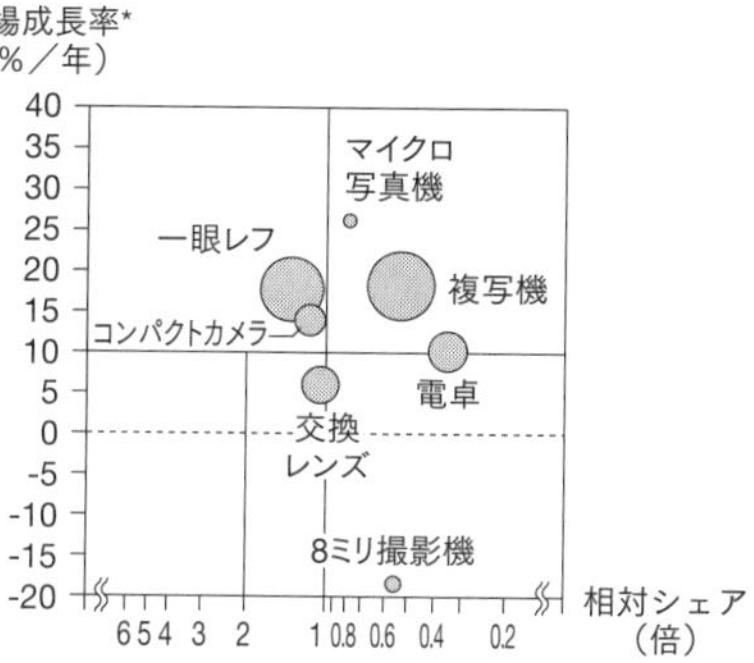

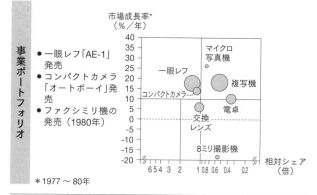

＊1977～80年

事業ポートフォリオ上の課題・実践上のチャレンジ

全社戦略上の課題：「金のなる木」の不在

- 良いニュース
  - ようやく「スター」事業が育ってきた
- 悪いニュース
  - 「スター」事業はさらに積極投資を続けないと上位ポジションを維持できない
  - 加えて、依然として多額の投資が必要な「問題児」事業が複数存在
  - ところがキャッシュを生み出す「金のなる木」が不在

実践上のチャレンジ

- 「スター」事業、「問題児」事業は多額の投資が必要
  - 「金のなる木」事業不在の中でいかに資金を調達するのか
- 積極投資する事業を少数選択するのか
- 積極投資以外の事業は（たとえ成長事業で魅力的でも）撤退するのか

［注］　コンパクトカメラは35ミリレンズ・シャッターカメラ、一眼レフは35ミリフォーカルプレーンカメラ。8ミリ撮影機は映画撮影機。半導体露光装置は上記ポートフォリオから除く

市場は急成長しているので、投資をやめた途端にさらにマーケットシェアが下がって、撤退を余儀なくされる可能性が高いわけですから、実質的にはどの事業をやめるかの意思決定と言えます。

なお、上半分の象限ばかりでどれも有望に見えるときには、PPMの軸だけでは取捨選択の判断はつきません。その事業の中で自社の本当の強みが活きるのはどこか、競合他社にはできないが自社にできることは何か、他の事業とシナジーが効くのか、というように、一つひとつの事業を精査していく必要があります。

以降、図表は五年きざみで掲載していますが、ポートフォリオの解説は一〇年きざみでしていきます。

一九八五年頃の状況

一九八〇年代半ばになると、ポートフォリオの構造もかなり変わっています（図表2―9）。かつて四〇％の成長率を誇っていた電卓市場が、年率五％程度に鈍化しています。横軸を見ても、トップ企業の売上の三割程度に留まっています。一眼レフは業界一位ですが、

図表 2-9　キヤノンの PPM（1985 年頃）

事業ポートフォリオ

- ワープロ
  - パーソナル：好調
  - ビジネス：苦戦
- パソコンへ参入

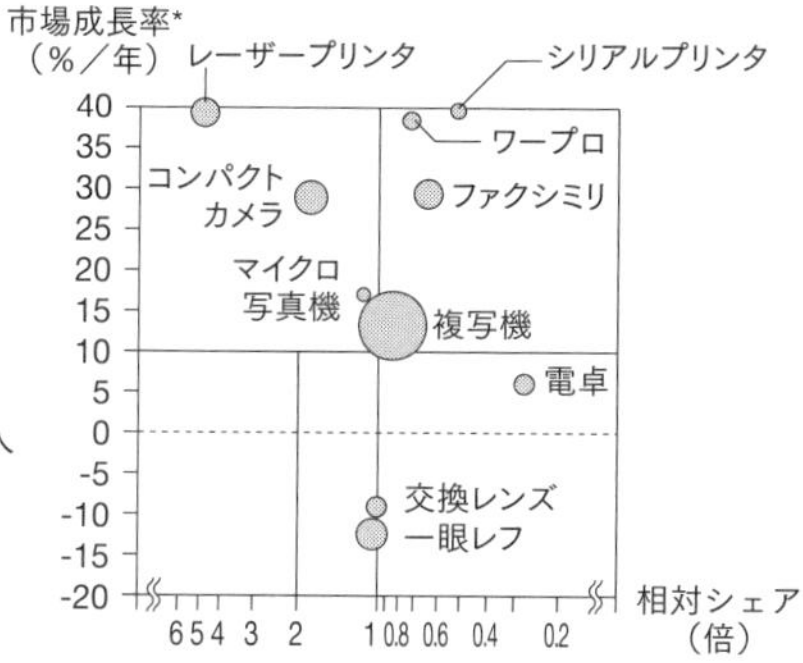

＊1981 ～ 84年。ただし複写機、レーザープリンタ、シリアルプリンタは1982 ～ 84年、ワープロは1983 ～ 85年

事業ポートフォリオ上の課題・実践上のチャレンジ

全社戦略上の課題：依然として「金のなる木」の不在

- 良いニュース
  - かなり「スター」事業が育ってきた
  - ようやく「金のなる木」が育ちつつある（交換レンズ、一眼レフ）
- 悪いニュース
  - 「スター」事業、「問題児」事業はさらに積極投資を続けないとポジションの維持・向上ができない
  - ところがキャッシュを生み出す「金のなる木」が不足

実践上のチャレンジ

- 「スター」事業、「問題児」事業は多額の投資が必要
  - 「金のなる木」事業が不足する中でいかに資金を調達するのか
- 積極投資する事業に必要な投資総額を賄えるのか
- もし賄えない場合、「集中と選択」、すなわち魅力があっても投資しない事業を選ぶことができるのか

［注］ファクシミリ、レーザープリンタ、シリアルプリンタは出荷高ベース、ワープロは販売高ベース、その他は生産高ベース。コンパクトカメラは35ミリレンズ・シャッターカメラ、一眼レフは35ミリフォーカルプレーンカメラ。半導体露光装置は上記ポートフォリオから除く

市場がマイナス十数%で縮小しています。

一方、コンパクトカメラの市場成長率が三〇%と伸びており、しかも業界トップの座にあります。複写機は一〇年前はゼロックスよりもかなり規模が小さかったのですが、ほぼ同等の地位につけ、二大巨頭となっています。複写機の市場成長率は一〇年前が二五%でしたが、今は一〇%台となり、だんだん落ち着いてきました。

これまで開発中だったレーザープリンタとシリアルプリンタが、ようやく上市してビジネスとして成立するようになっています。どちらも市場成長率は四〇%。また、ワープロにも参入しています。ワープロも市場成長率が四〇%近いので、非常に有望な事業に見えます。ちなみに、キヤノンは個人消費者向けのワープロは当時は好調でしたが、法人向けワープロでは苦戦を強いられていました。まだ売上が立っていないのでこの図には現れていませんが、パソコンにも参入しています。

一九八五年頃の事業ポートフォリオ上の課題ととるべきアクション

さて、事業ポートフォリオ上の課題はなんでしょうか。問題児に分類される事業はファクシミリ、ワープロ、シリアルプリンタ。逆に、スターに入っているのはレーザープリンタ、コンパクトカメラ、複写機です。金のなる木は一眼レフと交換レンズが入りつつあるというように、比較的四つの象限に分散しつつあります。バランスは以前よりも良くなってきました。

また、七五年と比べて、下位メーカーから業界トップに躍り出た「スター」事業が育ってきたことは良いニュースです。また、キャッシュを生み出す「金のなる木」事業も育ってきました。

とはいえ、依然として表の上半分に入る事業が多く、資金需要は依然として大きいことに変わりはありません。その資金源となる金のなる木には、交換レンズと一眼レフがかろうじて入っていますが、どちらも円の面積は小さい。したがって、相変わらず多額のキャッシュが必要であるにもかかわらずキャッシュを生み出す事業が少ないという苦しい状況が続いています。

なお、このPPMの図からは読み取れないことですが、いったん複写機を顧客のオフィスに据えると、トナーを交換して使い続けることになり、このトナーの利益率が非常に高いので、複写機事業はキャッシュを生む源泉となります。言い換えると、他の事業に比べて、キャッシュを生む力が強い事業です。その意味では、複写機が八〇年代に最大の事業になっていることは朗報です。このように、同じ円でもキャッシュを生みやすい事業と生みにくい事業があり、PPMの図だけでは判断がつかないことに注意しなくてはなりません。

この時点でのコーポレートがとるべきアクションは何でしょうか。まずは、やっとゼロックスに肉薄した複写機事業を、できれば石にかじりついてでも一位になる、少なくとも振り落とされないことでしょう。そのための積極投資を行う必要があります。朗報は、複写機事業の場合、トナー補給というキャッシュ創出事業が後に続くので、そこから得たキャッシュを使うことができます。

次のアクションは、レーザープリンタ、シリアルプリンタ、ワープロ、ファクシミリなど将来が楽しみな事業候補への投資です。ところが、おそらくすべての「問題児」「スター」事業に積極投資できるだけのキャッシュは賄えないので、積極投資する事業を厳しく選択するのがコーポレートの重要な意思決定になります。

ところで、「後知恵」で見れば、ワープロやその後のパソコンへの参入は間違っていたことになるのですが、この時点では、プリンタ、ワープロ、ファクシミリのどれに投資をするかの判断は非常に難しいということがわかると思います。年率三〇%や四〇%で急成長を遂げている魅力ある市場であれば、どの企業も思わず参入したくなるものです。未来が読めな

図表 2-10　キヤノンの PPM（1990 年頃）

事業ポートフォリオ

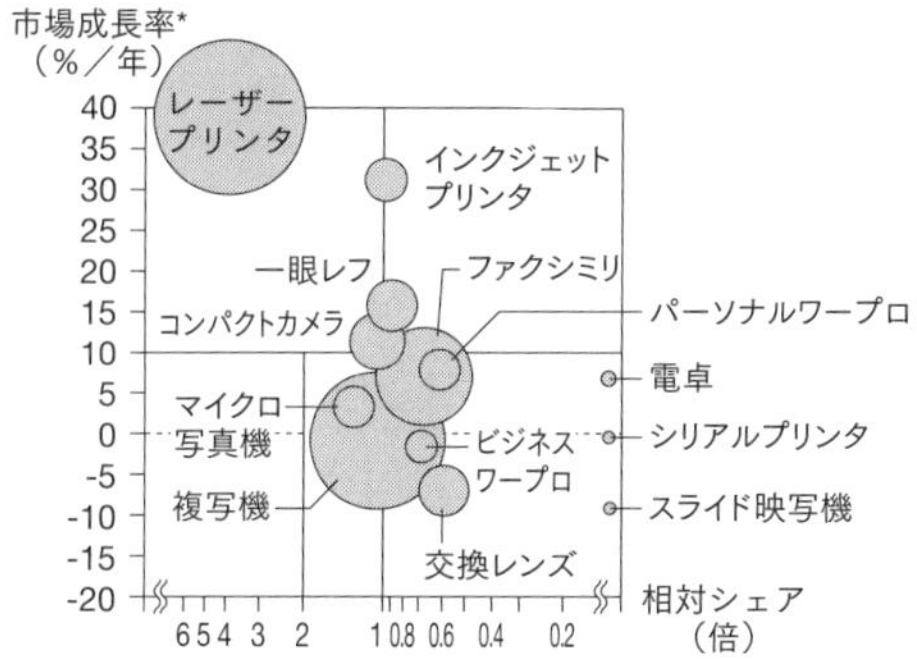

＊1987 ～ 90年。ただしレーザープリンタ、インクジェットプリンタ、一眼レフ、コンパクトカメラは1988 ～ 90年

事業ポートフォリオ上の課題・実践上のチャレンジ

全社戦略上の課題：「スター」事業が大きい、「負け犬」事業の存在

- 良いニュース
  - 大きな「スター」事業が育ってきた
  - 「金のなる木」事業が複数育ってきた
- 悪いニュース
  - 大きな「スター」事業は多額の投資を続けないと上位ポジションを維持できない
  - 複数の事業が「負け犬」に転落。小さい事業でも資源(特に人的資源)を食う

実践上のチャレンジ

- 「スター」事業に回す資金をいかに調達するのか
- 「負け犬」事業をどうするのか。撤退？
- 育ちつつある「金のなる木」事業にどのようなミッションを与えるのか？　積極投資をやめて「刈り取り」に転換？

［注］　レーザープリンタ、インクジェットプリンタは出荷高ベース、ワープロは生産台数ベース（ビジネスワープロ 1 台 20 万円、パーソナルワープロ 1 台 3 万円で算出）、一眼レフ、コンパクトカメラは出荷台数ベース（一眼レフ 1 台 5 万円、コンパクトカメラ 1 台 2 万円で算出）、その他は生産高ベース。コンパクトカメラは 35 ミリレンズ・シャッターカメラ、一眼レフは 35 ミリフォーカルプレーンカメラ。半導体露光装置は上記ポートフォリオから除く

い中で投資の意思決定を行うには、第3章で解説するコアコンピタンスの観点も含めて考えていく必要があります。

一九九五年頃の状況

それから一〇年後、ポートフォリオの構造は再び大きく変わっています（図表2－11）。一九八五年頃には小さな事業だったレーザープリンタが、いまや巨大事業に育ち、インクジェットプリンタとともに二大事業となっています。なお、一〇年前はレーザープリンタとシリアルプリンタの二事業がありましたが、後者はあっけなく消えています。

レーザープリンタは売上規模も大きく、また、横軸で見ると圧倒的に一位ですが、市場成長率は一〇年前の四〇％から五％以下へと鈍化しています。その後、参入したインクジェットプリンタは業界トップで、市場成長率も四〇％です。

一方、複写機はゼロックスと二大巨頭の座を維持していますが、市場成長率はマイナスになっています。また、ファクシミリ、マイクロ写真機、パーソナルワープロなどもマイナス成長です。ひと頃稼ぎ頭だったコンパクトカメラは、市場成長率がゼロに近づき、かつ、一位から転落しています。

図表 2-11　キヤノンのPPM（1995年頃）

事業ポートフォリオ

- 次世代製品の開発投資
  - デジタルカメラ
  - デジタルビデオカメラ
  - デジタル／カラー複合機

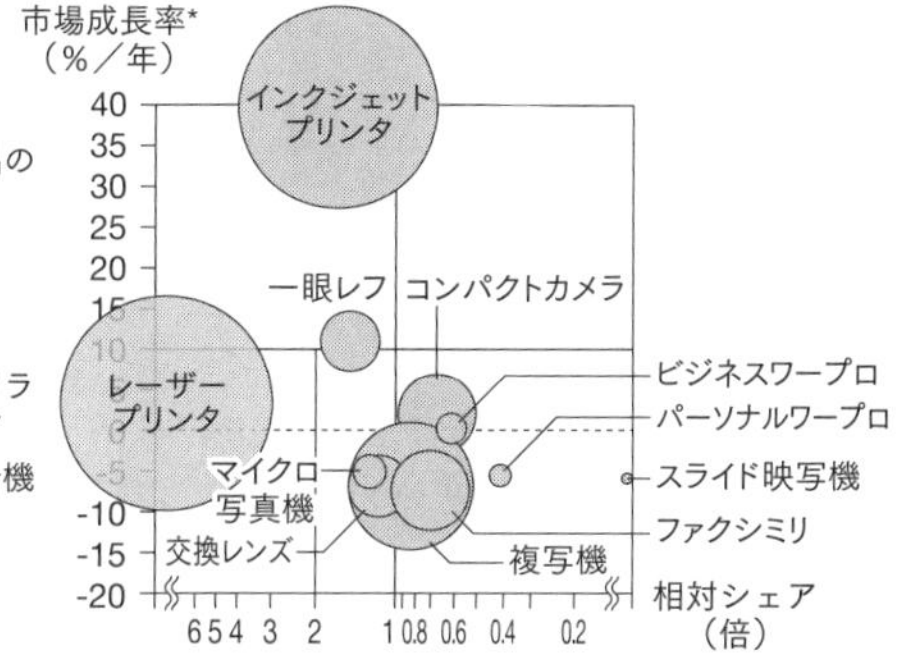

＊1992～95年。ただしレーザープリンタ、インクジェットプリンタ、一眼レフ、コンパクトカメラは1993～95年

事業ポートフォリオ上の課題・実践上のチャレンジ

全社戦略上の課題：「負け犬」事業の存在、「問題児」事業の不在、「金のなる木」事業の方針転換

- 良いニュース
  - 次の大きな「スター」事業が育ってきた
  - 大きな「金のなる木」事業が複数育ってきた
- 悪いニュース
  - 複数の事業が「負け犬」に転落。小さい事業でも資源（特に人的資源）を食う
  - 次の「スター」事業の種となる「問題児」事業がない

実践上のチャレンジ

- 「負け犬」事業をどうするのか。撤退？
- 「金のなる木」事業にどのようなミッションを与えるのか？積極投資をやめて「刈り取り」に転換？
- 次の事業の種まきをいかに行うのか

［注］　レーザープリンタ、インクジェットプリンタは出荷高ベース、ワープロは生産台数ベース（ビジネスワープロ1台15万円、パーソナルワープロ1台2万円で算出）、一眼レフ、コンパクトカメラは出荷台数ベース（一眼レフ1台3.5万円、コンパクトカメラ1台1.5万円で算出）、その他は生産高ベース。コンパクトカメラは35ミリレンズ・シャッターカメラ、一眼レフは35ミリフォーカルプレーンカメラ。半導体露光装置は上記ポートフォリオから除く

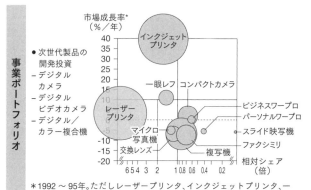

一九九五年頃の事業ポートフォリオ上の課題ととるべきアクション

全体的に見れば、一九九五年頃のポートフォリオのバランスは一〇年前よりもかなり良くなってきています。以前は、将来有望な事業に投資するためのキャッシュを創出する「金のなる木」事業がほとんどなかったのですが、今はレーザープリンタや複写機が「金のなる木」事業として育ち、キャッシュを生んでいるはずです。投資対象となるインクジェットプリンタも大きな柱に育っていて、将来が楽しみです。

この時点における、経営者の悩みはなんでしょうか。「スター」事業も「金のなる木」事業も育ってきました。しかしながら問題児の象限が空白になっていることが課題です。一〇年前は、市場は伸びているが業界下位という育て甲斐のある将来有望な事業を多数抱えていたのですが、今は将来を嘱望される事業がありません。これは由々しき事態です。

なお、この時期はデジタルシフトの時代であり、デジタルカメラやデジタル複合機に転換するための投資を積極的に行っていますが、まだ売上が立っていない事業なので、この図には現れていません。また、これらはどちらかというと、今までのアナログをデジタルに置き換えるだけなので、本当の意味での新規事業とは言えないのです。

一九九五年のキヤノンは、一見するとバランスがとれて好調に見えるし、実際にエクセレント・カンパニーと呼ばれていました。しかしながら、経営者としては、「将来の飯のタネ」がないことについて、夜も眠れないくらい悩むべき状況です。

ここで采配を間違えれば、一〇年後に好調事業が皆無となって、「一〇年前の経営者が有効な種まきをしなかった」と非難されることにもなりかねません。経営者あるいはコーポレートとして、将来のために新規事業に積極投資すべきでしょう。

もう一つの課題は、「金のなる木」ゾーンに入った事業の方針転換です。たとえばレーザープリンタですが、市場成長率がゼロに近づいてきました。こうなると、レーザープリンタ事業部は焦って「重箱の隅をつつく」打ち手を取り始める危険性があります。今まで手を出さなかった利益率の低い製品、顧客、販路などにこまめに投資を始めかねません。

今までは「スター」事業としてどんどん積極投資をしてきたので、ついついそのまま投資を続けてしまうことも考えられます。しかも全社の中で大黒柱の事業に育っているので社内での発言権も強く、誰も止められないかもしれません。

投資を続けることが本当に全社最適かどうかを冷徹に判断して指示を出すのが経営者の仕事です。場合によっては「むしろ投資を抑えて効率経営に徹し、キャッシュを生み出すように」という新しいミッションを与える必要があるかもしれません。しかも生み出したキャッシュは召し上げて（これには抵抗するでしょうが）、「スター」事業、「問題児」事業に回すべきなのです。

また、細かいことのようですが、「負け犬」ゾーンに入ってきたビジネスワープロ、パーソナルワープロ、スライド映写機などの事業をどうするかの意思決定を行い、実行する必要があります。どれも小さな事業で、全社の規模から見ればマイナスのインパクトは小さいので存続させるというケースもあり得るとは思いますが、キャッシュ以上に重要なのは人的資源です。たとえ小さい事業でも意外と人手がかかる場合が多いのです。

「負け犬」事業に取られている優秀な人材が他の事業で活用できないことの機会損失の大きさを過小評価してはいけません。事業部からやめると言い出すことはできませんし、言い出すべきでもありません。事業の撤退の意思決定は、当然ながら経営者の仕事です。

事業部は現有の事業に追われているので、この時点でどの事業部にも属さない新規事業を始める指示ができるのは経営者だけです。長い視点で物事を見て先手を打つことは、本社における重要な仕事です。このようにＰＰＭを描いてみると、一見絶好調に見えても、根底に重大な問題が潜んでいることが把握できます。

図表2-12　キヤノンのPPM（2000年頃）

事業ポートフォリオ

- ワープロ市場からの撤退
- アナログからデジタルへの移行
  - カメラ
  - 複写機・複合機

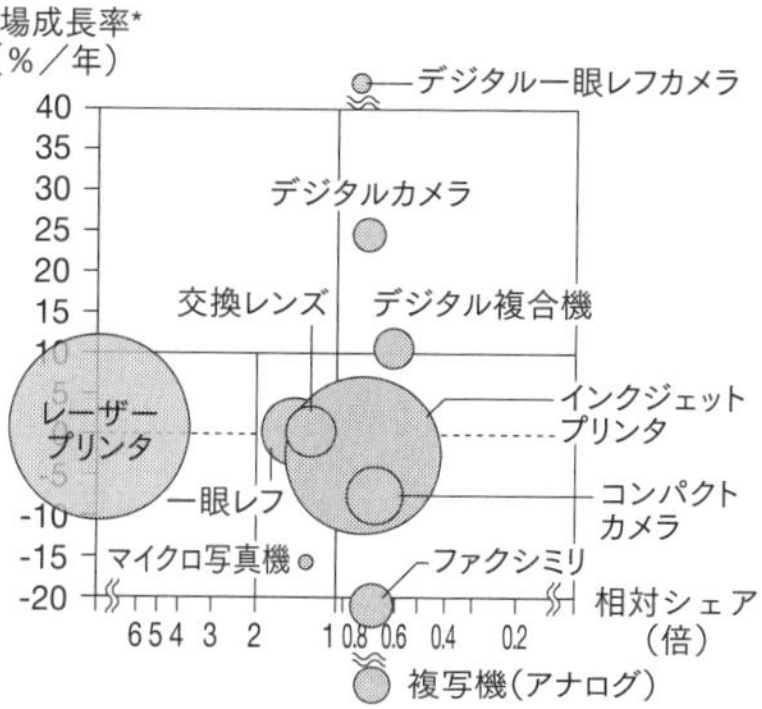

＊1997〜2000年。ただし交換レンズ・インクジェットプリンタは1998〜2000年、デジタル複合機は2000〜02年

事業ポートフォリオ上の課題・実践上のチャレンジ

全社戦略上の課題：「スター」事業の不在、「負け犬」事業の存在

- 良いニュース
  - 大きな「金のなる木」事業が複数育ってきた
  - 次の「スター」事業の候補となる「問題児」事業が育ってきた
- 悪いニュース
  - 「スター」事業の不在。「問題児」事業がまだ「スター」事業に成長していない
  - 依然として「負け犬」の整理がついていない。小さい事業でも資源（特に人的資源）を食う

実践上のチャレンジ

- 「負け犬」事業をどうするのか。撤退？
- 「問題児」事業を速やかに「スター」事業に転換するための積極投資をいかに進めるのか
- 「金のなる木」事業のミッション転換をいかに進めるのか？積極投資をやめて「刈り取り」？

［注］　相対シェア・売上規模は出荷高ベース。ただし、一眼レフ・コンパクトカメラ・デジタル一眼レフ・デジタルカメラは出荷台数より相対シェアを算出、一眼レフ・コンパクトカメラの売上高は出荷台数に単価を乗じて算出（一眼レフ1台3.5万円、コンパクトカメラ1台1.5万円）、デジタル一眼レフ・デジタルカメラは市場規模に出荷台数シェアを乗じて算出。コンパクトカメラは35ミリレンズ・シャッターカメラ、一眼レフは35ミリフォーカルプレーンカメラ。半導体露光装置は上記ポートフォリオから除く

［出所］　『日本マーケットシェア事典』（矢野経済研究所）、『情報機器マーケティング調査総覧』（富士キメラ総研）を参考にBCGの協力を得て筆者作成

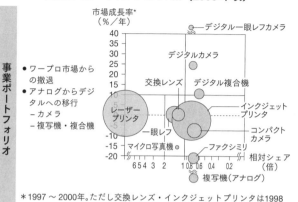

二〇〇五年頃の状況

二〇〇五年になると、大きな円の事業が金のなる木に偏ってきています（図表2－13）。レーザープリンタ、インクジェットプリンタ、デジタル複合機は業界一位もしくはほぼ同率一位ですが、市場成長率は五％以下とかなり鈍化しています。デジタルカメラも業界一位ですが、市場成長率はマイナス五％に縮小しています。

「スター」の象限に目を転じると、デジタル一眼レフと交換レンズが成長市場で業界トップの座にあります。「問題児」象限にはプロッタ。また、アナログ複写機とスチルカメラは「負け犬」の枠から大きく下にはみ出し、市場成長率はマイナス二〇％以下と、アナログ市場が消滅しつつあることがわかります。

二〇〇五年頃の事業ポートフォリオ上の課題ととるべきアクション

この時点でのポートフォリオ構造をどのように解釈すべきでしょうか。朗報としては、レーザープリンタ、インクジェットプリンタ、デジタル複合機という大きな「金のなる木」事業から生み出されるキャッシュが潤沢にあることでしょう。実際に、二〇〇五年時点のキャノンはキャッシュ・リッチなエクセレント・カンパニーとして賞賛されていました。一九七

図表2-13　キヤノンのPPM（2005年頃）

事業ポートフォリオ

- アナログからデジタルへの移行
- 次世代製品の開発投資
  - SED、有機EL
  - 次世代半導体露光装置
  - DNAチップ

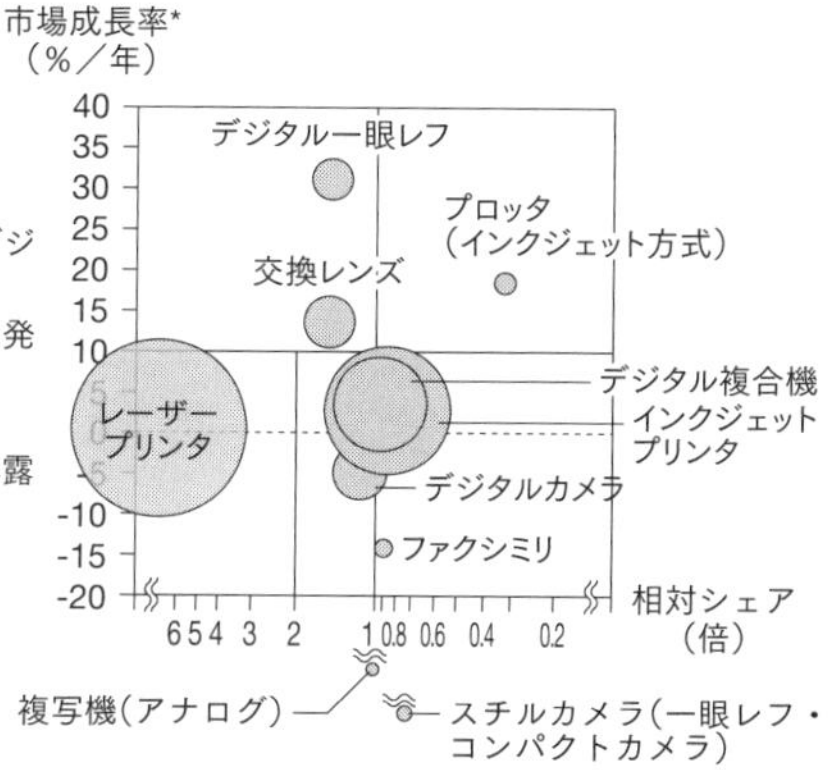

＊2002～05年。ただしデジタル一眼・デジタルカメラは2003～05年、デジタル複合機は2004～05年

事業ポートフォリオ上の課題・実践上のチャレンジ

全社戦略上の課題：「スター」事業、「問題児」事業が少ない
- 良いニュース
  - ほとんどの事業が「金のなる木」に育った
  - 「負け犬」事業の整理が以前より進んだ
- 悪いニュース
  - 「スター」事業が少ない
  - 「問題児」事業もほとんどない

実践上のチャレンジ
- 「問題児」事業（新規事業）の種をいかに撒いていくのか
- 「問題児」事業を速やかに「スター」事業に転換するための積極投資をいかに進めるのか
- 既存の「スター」事業をさらに育てるためにいかに積極投資をするのか

［注］　相対シェア・売上規模は出荷高ベース。ただし、スチルカメラ・デジタル一眼レフ・デジタルカメラは出荷台数より相対シェアを算出、スチルカメラの売上高は出荷台数に単価を乗じて算出（1台3.5万円）、デジタル一眼レフ・デジタルカメラは市場規模に出荷台数シェアを乗じて算出。半導体露光装置は上記ポートフォリオから除く

［出所］　『日本マーケットシェア事典』（矢野経済研究所）、『カメラ総市場の現状と将来展望』（富士経済）を参考にBCGの協力を得て筆者作成

図表2-14　キヤノンのPPM（2010年頃）

事業ポートフォリオ

- 完全デジタル化
- ITの多角化
  - ネットワークカメラ
  - プロジェクタ
- 産業機器分野での挑戦難航
  - SEDからは撤退

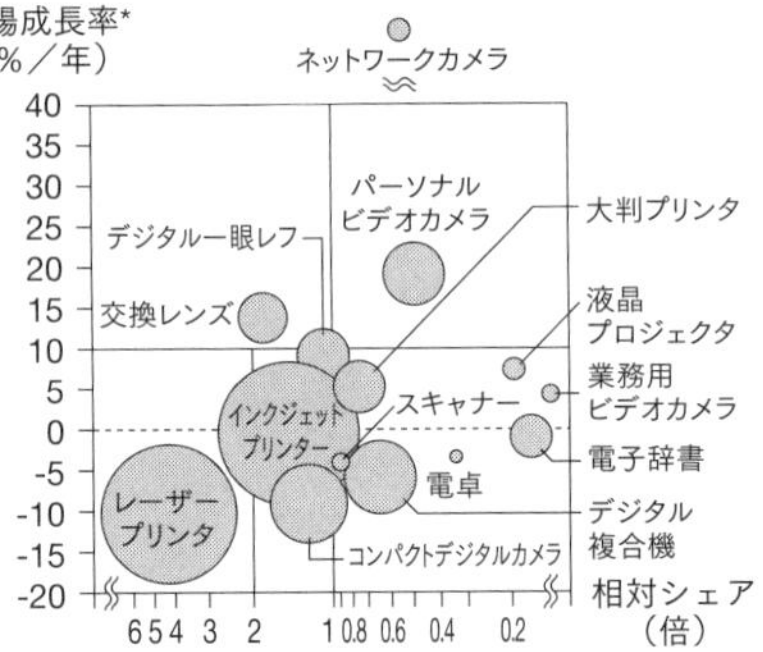

＊特記のない限り2006〜10年

事業ポートフォリオ上の課題・実践上のチャレンジ

全社戦略上の課題：「スター」事業、「問題児」事業が少ない
- 良いニュース
  - 多くの事業が大きな「金のなる木」に育った
  - 「負け犬」事業の整理がほぼ完了した
- 悪いニュース
  - 「スター」事業が少ない
  - 「問題児」事業もほとんどない
  - 「負け犬」事業の存在

実践上のチャレンジ
- 新たな「問題児」事業（新規事業）の種をいかに撒いていくのか
- 既存の「問題児」事業をいかに速やかに「スター」事業に育てるのか
- 既存の「スター」事業をさらに育てるためにいかに積極投資をするのか
- 「負け犬」事業の整理？

［注］　ネットワークカメラの成長率はグローバル2011単年、市場規模は、ネットワークカメラ1台3万円と仮定して算出。パーソナルビデオカメラのシェアはグローバル、市場規模はビデオカメラ1台5万円と仮定して算出。デジタル複合機の市場規模は単価25万円と仮定して算出。スキャナーの市場規模は見通し。液晶プロジェクターのシェアは3位のメーカーをもとに10%に仮置き、市場規模は2009見通し、成長率は2011単年

［出所］　BCN2011；『日本マーケットシェア事典』；FK Mards；矢野データバンク；キャノンホームページ；みずほ情報総研；モバイルシステム部会；富士キメラ総研；NTT西日本；CIPAを参考にBCGの協力を得て作成

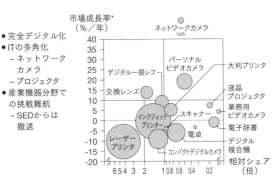

五年頃に赤字転落、無配に陥ったのが嘘のような状況です。また、小さいながらもデジタル一眼レフと交換レンズという「スター」事業が育っていることも悪くない話です。

しかしながら「問題児」の象限が寂しく、プロッタしかありません。課題は一〇年前と同様「将来の飯のタネ」になりそうな候補が出てきていないことです。コーポレートのとるべきアクションは積極的な新規事業の開拓です。実際、当時のキヤノンもそのことを自覚しており、平面大型テレビのSEDや有機EL、次世代半導体露光装置、DNAチップなどの開発に懸命に取り組んでいます（開発中なので、図にはまだ現れていませんが）。

二〇一五年頃の状況

最後に二〇一五年のポートフォリオを見てみましょう（図表2−15）。かなりポートフォリオ構造が変わっています。

ほとんどの事業に関して市場成長率がゼロ、またはマイナスです。かろうじて市場が伸びているのは交換レンズ、インクジェットプリンタ、半導体露光装置、そしてITアウトソーシング程度です。また多くの「金のなる木」事業に恵まれています。レーザープリンタ、デジタル複合機、デジタル一眼レフ、コンパクトデジタルカメラなどが業界トップシェアで

図表2-15　キヤノンのPPM（2015年頃）

事業ポートフォリオ

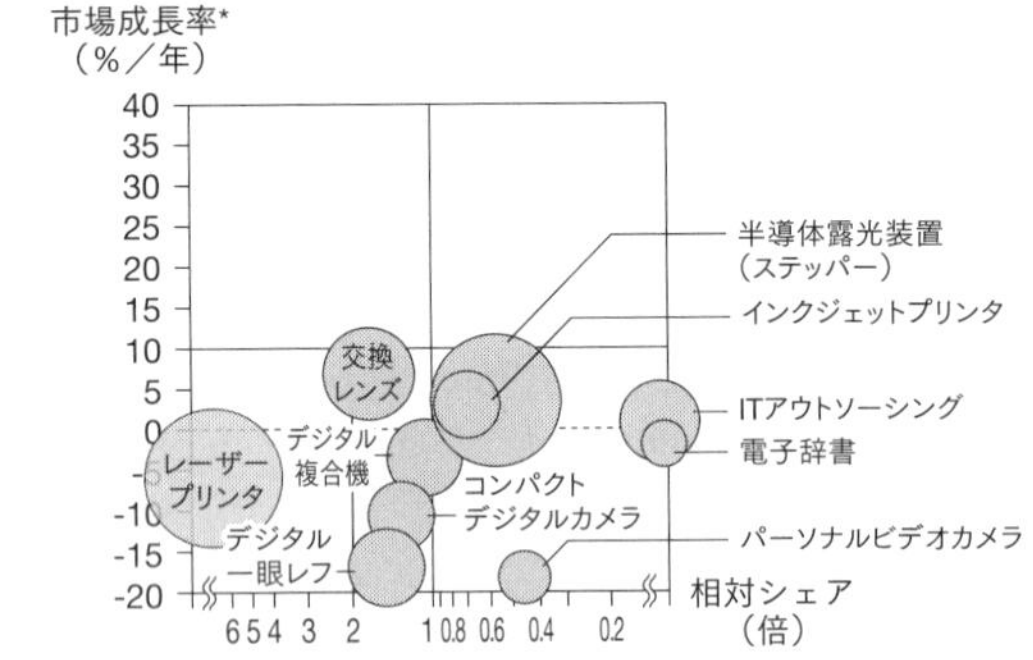

＊2014～15年

事業ポートフォリオ上の課題・実践上のチャレンジ

全社戦略上の課題：「スター」事業、「問題児」事業の不在

- 良いニュース
  - 多くの事業が「金のなる木」に育った
- 悪いニュース
  - 「スター」事業が不在
  - 「問題児」事業も不在

実践上のチャレンジ

- いかに速やかに「スター」事業、「問題児」事業を創出するか
  - 大胆な積極投資？　M&A？　アライアンス？
- 「負け犬」事業をどうするのか？　撤退？

［注］　パーソナルビデオカメラの市場規模は1台5万円と仮定して算出。デジタル複合機の市場規模は単価25万円と仮定して算出。半導体露光装置の各データは半導体・液晶前工程製造装置全体のデータを使用。半導体露光装置は世界シェア

［出所］　『日本マーケットシェア事典』；SPEEDA；キヤノンホームページ；BCN2016；CIPA；The Information Networkを参考にBCGの協力を得て筆者作成

す。また、半導体露光装置が大きく育ってきました。その一方で、新規事業のＩＴアウトソーシングはまだまだ業界ポジションが下位です。

アナログからデジタルへの移行は完全に完了し、アナログ商品からは撤退しています。また一〇年前に始めたＳＥＤからは撤退しています。

二〇一五年頃の事業ポートフォリオ上の課題ととるべきアクション

この時点のキヤノンの経営課題は何でしょうか。朗報は多くの「金のなる木」事業を抱えていることです。一方、ＰＰＭの上半分、すなわち「問題児」事業、「スター」事業が見事に不在です。

「現在の飯のタネ」は豊富で十分食べていけます（それどころかおそらく余剰のキャッシュを生み出しているでしょう）。ところが「将来の飯のタネ」が一つも育っていない。これは由々しき問題です。

もちろんキヤノンも新規事業開拓には一〇年以上前から積極的に取り組んでいますが、二〇一五年頃のポートフォリオを見る限り、成功した種まきはまだないようです。すなわち、将来性のない企業に見えてしまいます。

そのため、M&Aなども含めたかなり思い切った新規事業開拓を断行すべきでしょう。実際、このあとキヤノンは東芝メディカルシステムズを買収しています（現キヤノンメディカルシステムズ）。その他、キヤノンは医療関連事業の強化にかなり積極投資をしています。二〇一七年時点で医療関連事業は全社の一割を占めるようになってきました。

少し脱線しますが、一〇年前くらいからキヤノンに対して配当を増やすようにという投資家からのプレッシャーが強くなっています。キャッシュ・リッチなので余っている分は株主に還元すべきだという主張です。

これに対して、経営者としては、将来有望な事業がこれだけあるので、それらの事業の投資に回せば、今、配当として返すよりも大きなリターンが五年後、一〇年後にくるので、株主にとっても有益だと説明することが多いのです。その説明に株主が納得すれば、今すぐに配当としてお金を返せとは言わずに、むしろ積極投資を歓迎するはずです。

実際、ネット系で急成長しているベンチャー企業には、たとえ短期的には赤字でも、株主はそれほど騒ぎ立てないことが多いのです。将来的に大きなリターンがくると信じているからです。

逆に、投資家が今すぐ配当をたくさんよこせと言い出すのは、その企業の将来のリターンが信じられないので、キャッシュ・リッチな今のうちに配当で返してもらおう、と投資家が考えているという意味です。厳しい言い方をすれば、投資家がその企業の将来性を見限り始めたというサインであるとも解釈できます。

PPMの役割

以上、キヤノンを例にPPMの使い方を紹介しましたが、いかがでしたでしょうか。PPMをうまく使えば、個別の事業だけでなく、複数事業を俯瞰しながら全社視点の課題を理解する上での手助けになることがわかります。また、その時点での、個別最適ではなく、全社最適のアクションが何かを考える上での示唆を得ることができます。

また、キヤノンの四五年間の事業の変遷を見ると、いかに事業の寿命が短いかということも浮き彫りになります。現在は稼ぎ頭の優等生事業が、一〇年後にはお荷物事業になっているかもしれないのです。また「将来の飯のタネ」と信じて種まきをしても、実際に花開くのはその一部です。これは過去四五年間で、適切に新しい事業を育て、脱皮を行ってきたキヤノンのようなエクセレント・カンパニーでも例外ではありません。

ましてや、新規事業の育成や既存事業の置き換えを怠る企業は、現時点でどれほど絶好調の事業を擁していたとしても、一〇年後、二〇年後の存続は危ういでしょう。

さらに、個々の事業が精一杯頑張って「個別最適」を達成し、それを単純合計すれば「全社最適」になるわけではないこともわかります。だからこそ「コーポレート（本社）」による全体最適のマネージが必要になるのです。

PPM作成のための留意点

PPMはうまく使えば役に立つのですが、その前にまずは使える状態に「作り上げる」必要があります。ここでは使えるPPMの図を作成するための留意点を紹介します。

PPM作成のポイント①――軸はゼロベースで考える

そもそもの縦軸と横軸のとり方にも気をつける必要があります。市場成長率と相対マーケットシェアは確かにデータが取りやすく使いやすい軸であり、PPMが一世風靡した頃にはこの軸を使う企業が多かったのです。しかし、あくまでも「この軸は有効なことが多い」というだけであって、BCGが提唱しているから、教科書に載っているから、と鵜呑みにするのは危険です。

資源の再配分や事業の新設・統廃合を検討する際の判断基準として、自社にとって何が共通の判断基準として役立つかを、一社一社が（理想的にはそのたび）考えていく必要があります。

図表2―16をご覧ください。これは私自身がさまざまな企業のPPM分析に用いた軸の例です。各社にとって事業間の資源再配分の意思決定をするための適切な軸は何かとゼロベースで考えていった結果、オリジナルのBCGの軸とはまったく違うものを使っています。

たとえば、ある企業の場合、ビジョンとの適合度と収益性（キャッシュフローROI）という二軸で事業ポートフォリオを検討しました。この企業の場合、短期的に儲かるかどうかの金勘定だけでは従業員は動かないが、創業者の掲げたビジョンと適合していれば、従業員は「これこそが我が社のやるべきことだ」とやる気になって創意工夫を始め、好結果につながるという強烈な価値観が存在していました。

そのような価値観を勘案すると、素っ気ない定量的な数字よりも、ビジョンに合うかどうかという定性的な基準のほうが有効だったのです。もちろん、儲かるかどうかという視点も

図表2-16　事業ポートフォリオ分析の「軸」

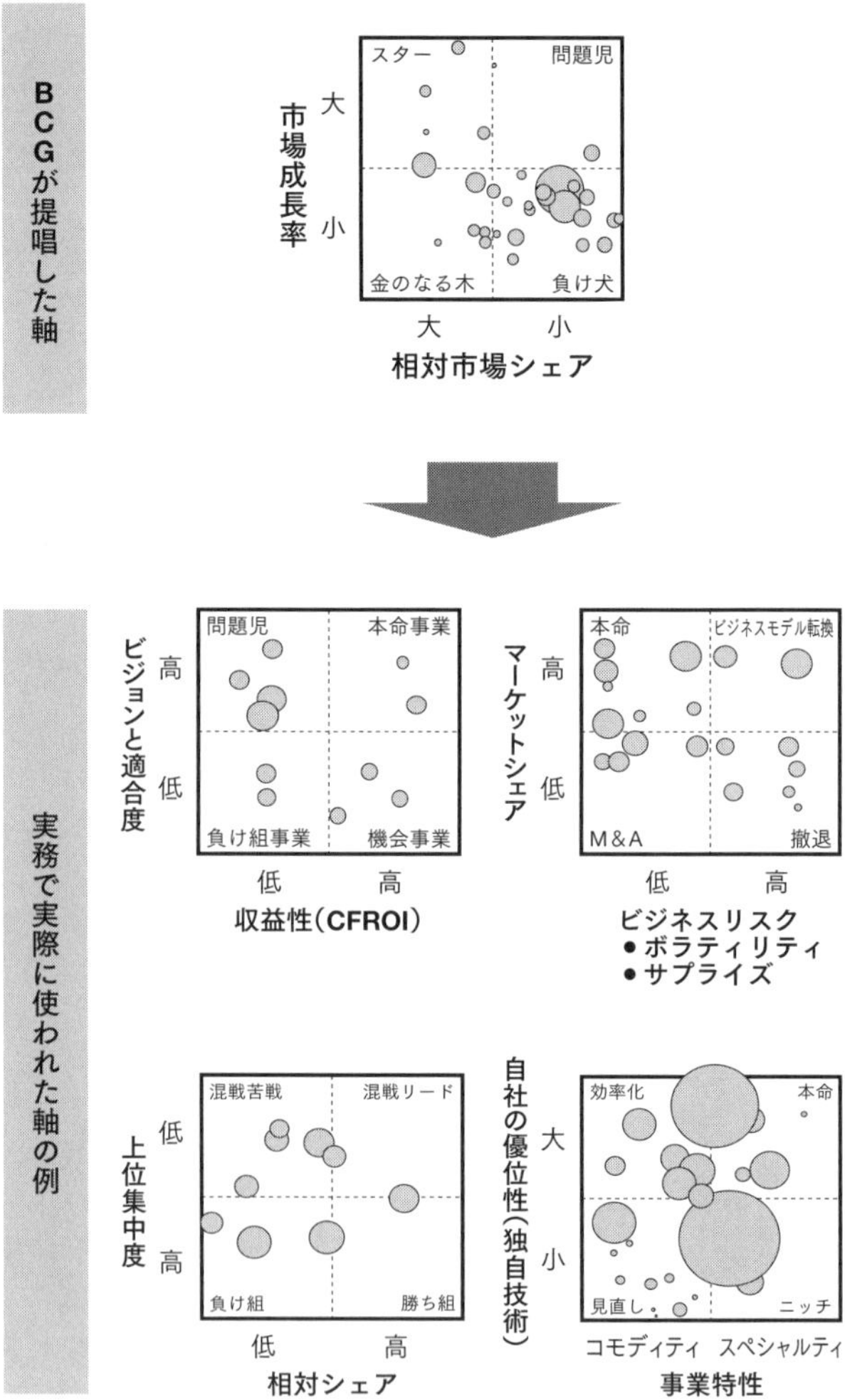

必要なので、もう一つの軸に収益性という客観性の高い基準を用いることにしました。

ＰＰＭ作成のポイント②――軸の客観性と納得性

ゼロベースで適切な軸を考えるときには、いくつか条件を満たさなくてはなりません。たとえば、まったく性格の違う事業を測定できる共通の物差しであること。その物差しで意思決定することに対して、社内の人々に納得してもらいやすいこと。ある程度の客観性があること、などです。特に、関係者間で意見が割れると、敵対的になったり非協力的になったりすることも多いので、なるべく客観的な指標がよいのです。

ビジョンとの適合度や自社の優位性といった定性的な軸は、主観的な判断になりやすいので注意しなくてはなりません。そうは言っても、それが事業の意思決定をする上で重要だと信じる要素であるなら、定性的な軸をあえて避ける必要はありません。その場合、ビジョンとの適合度をどのように測定するかという方法論について議論し、関係者間で合意を形成しておくことが鍵となります。

ＰＰＭ作成のポイント③――上下・左右の軸の切り方

キヤノンの例では、市場成長率一〇％、相対シェア一・〇のところで上下左右を切り分けていましたが、これもケース・バイ・ケースです。たとえば、市場成長率はゼロを基準としたり、自社の全事業の平均成長率を基準とすることもあり得ます。横軸については、絶対マーケットシェア○○%、あるいは、相対マーケットシェア○○%というように定めることもできます。

基準点は、キャッシュを生み出せるか否かという単純な割り切りをするためのものです。教科書通りには単純に分けられないことも多いのです。特に、事業部長からすれば、市場成長率の基準より上か下かで、投資対象になるかどうかの分かれ目となるので、どこを基準点に設定するかは深刻な問題になります。

あくまでも資源配分の意思決定に役立つかという観点で、みんなが納得できる適切な基準について、それぞれの企業が個別に考えていかなくてはならないのです。

PPMは実務では使えない⁉

私がBCGで働いていたときに、いくつかの企業から「PPMを使っていろいろ分析したが、結局あまり役に立たなかった」というお叱りを受けました。そこで具体的にどのような使い方をしたのかを伺ってみると、事業間で大胆に資源を再配分する覚悟を決めた上で、実行を念頭においてPPM作成を始めるのではなく、とりあえず絵を描いてみたというケースが多かったのです。

たとえば、ある大手企業は、何年かに一回、本社の経営企画部がコンサルタントを雇ってPPM分析を行っていました。経営企画部の方の話を伺うと、「何度もやっていますからねえ。今回もだいたいどういう結果になるか、分析する前から何となくわかっているんです」とおっしゃるのです。

結果がわかっているのであれば、PPM分析をやり直す必要はありません。分析することは手段であって目的ではありません。分析結果を使ってアクションをとらなくてはならないのです。すなわち、社内で軋轢が起きても大胆に資源を動かす、あるいは事業を整理するべきです。ところがその気はなさそうでした。言い換えると、単なるお勉強で終わらせているのです。

これは、PPMの間違った使い方の典型です。本来、PPM分析の後には必ず社内で軋轢が起きるアクション（事業の切った貼った）が発生します。その覚悟がまずありきで、その後に分析が始まるのです。

ところで、アメリカの国際電話電信会社として発足した後、通信機器、エレクトロニクス、自動車部品、保険などさまざまな事業部を展開するコングロマリットとなったITTの元CEOハロルド・ジェニーン氏は著書『プロフェッショナルマネジャー』(プレジデント社、二〇〇四年)の中で、PPMについて「私にはとてもついていけないし、そんな方式はうまくいくはずがない」とこき下ろしています。

「自分たちが挙げる利益をよそに持っていかれ、将来の成長の望みのない〝キャッシュ・カウ〟のレッテルを張られた企業や事業部で、誰が働きたいと思うだろうか。明らかに良い経営が行われ、健全で利益を挙げている事業部は、何も紙によって特別の資格を与えられたわけでもない〝スター〟のために乳をしぼり取られたりすることなく、激励され拡張されるべきだ、と本能は私に告げる。〝犬〟について私の考えを言うなら、なぜその事業部は犬なのかを突き止め、犬は犬でも優秀なグレーハウンドに仕立てるためにできる限りのことをするのが経営者の責任である。経営者の失敗の結果を、見切り売りすることで決着をつけることを私はいさぎよしとしない。ある会社なり事業部なりをどうしても処分しなくてはならない場合があれば、私はまずそれを立て直し、野良犬ではなくグレーハウンドを売るかたちに持っていくだろう」

ジェニーン氏の主張に私は一〇〇%賛成です。PPMは万能の神のようなツールで、客観的に分析すればすぐに意思決定ができると誤解されていることが多いのですが、ＰＰＭは本来は意思決定の補助ツールにすぎないのです。

ＰＰＭを分析した先には厳しい意思決定とその実行があるという覚悟を最初に持った上で、そのための道具として使う必要があります。そして何よりも、ＰＰＭ分析を参考に意思決定を行う際には、組織と人をどのようにマネージし、いかにモチベーションを持たせるかこそが重要なのです。

ＰＰＭの限界

ＰＰＭは、まったく違う複数事業を同じ物差しで測れる、資源配分に関する意思決定を行う上での有効な補助ツールになり得ます。一方、デメリットもあるので、その点には注意して使わなくてはなりません。ここではＰＰＭの限界について整理しましょう。

ＰＰＭの限界の一つは、企業の内部でキャッシュをやりくりするという前提で考えていることです。Ａ事業はキャッシュを生み、Ｂ事業はキャッシュが足りないから、ＡからＢへキャッシュを動かす、という考え方です。

しかし実際には、キャッシュが足りなければ、銀行から借りる、増資して資本市場から調達するというように、外部からキャッシュを調達する方法が存在します。内部だけを前提にしていては縮小均衡に陥りかねないので、ここはPPMを使うときに注意しなくてはなりません。

なお、この章で見てきたように、キヤノンはかつてマトリクスの上半分に事業が集中し、キャッシュ創出事業が少なかった時代がありました。それでも、多くの事業が成長を遂げたのは、外部からの資金調達をうまく活用したからでしょう。

二つ目の限界は、シナジー（シナジーに関しては第3章で解説します）をまったく考慮せず、それぞれをお互い関係のない独立した事業として、一つひとつを機械的に分析していることです。

たとえば、A事業はスター事業だから続けるが、B事業はPPMにおけるポジションがよくないからやめようという考え方ですが、このように事業ごとに個別に判断するのは危険な場合があります。

というのは、実際にはこれら二つの事業間にシナジーが働いているかもしれないからです。そのような場合には、B事業をやめると好調だったはずのA事業も共倒れになる、ということも起こり得るのです。

このように、事業を独立したものとして捉え、四象限の配置から機械的に意思決定するのではなく、シナジーも考慮して補正しながら使っていかなくてはなりません。

また、前述のジェニーン氏の指摘の通り、「事業の切った貼った」を行うことになるわけですが、事業には生身の従業員がいます。機械的なPPM分析では組織・従業員へのインパクト（特に心理的なインパクト）を考慮していません。実務ではこの点が非常に重要になります。この点に関して以下、詳しく見ていきましょう。

実行上の鍵はヒューマンウエアの設計にある

事業の取捨選択という大きな痛みを伴う意思決定をやりきるには、誰が何を議論し、何を決め、それを誰がどのように実行するかという「ヒューマンウエア」の設計が重要になってきます。PPMの使い方を間違える人は、このヒューマンウエアの部分を軽視しすぎていることが多いのです。

これは私が十数年間のコンサルティング業務を通じて学んだことですが、コンサルティングの仕事において客観的分析を行って提言を作り上げる部分は、全体の仕事の半分にしかすぎないのです。残り半分は、クライアント（これは経営者のような意思決定者だけでなく、提言を実行する前線の従業員も含みます）が提言を心から納得して実行もらうために、何をやるべきかを考え、実行してもらうための仕組み作りです。

まず意思決定の過程でいかに納得してもらうのか。次に意思決定した後の実行段階でいかに納得してもらうのか。特に、縮小・整理すると決めた事業の事業部長や社員をどのように扱い、モチベーションを失わせないようにできるか……。こうした側面をカバーして、意思決定したことをやりきることが重要です。

意思決定すべきことは、四つあります（図表2－17）。何のためにPPMで分析するか（Why）、どのくらい組み替えるか（How much）、どの事業をやめて、どれを育てるか（Which）、どのようにやめたり、育てたりするか（How）。

最初にWhyです。なぜ事業群の再整理が必要になったのかを、個別事業の利益代表ではなく、全社視点で議論して納得することが大切です。その上で全社として達成したい目標を決めます。

図表2-17　事業ポートフォリオの意思決定の順番

1. Why	2. How much	3. Which	4. How
何のためにポートフォリオ・マネジメントを行うのか	どの程度ポートフォリオを組み替えるのか ●何割やめるのか ●何割育てるのか	どの事業をやめるのか どの事業に資源投入するのか	いかにやめるのか いかに育てるのか

- 乱暴でもこの順番に上位概念から一つひとつ意思決定していく
- 各論や細かい話から入るのではなく、まずはビッグピクチャーを描くべき
- “全部セットで決まらないと実行できない”というマインドに陥ると何も意思決定できなくなる

次にHow muchです。いきなりどの事業をやめるのか、の議論に入る前に、全社目標を達成するために、どの程度事業の再整理を行うのかを決めます。たとえば五年後には二〜三割の売上は新規事業で稼ぐ、あるいは一〜二割の事業は思い切ってやめる、などです。

次にWhichです。具体的に、どの事業を育てるのか、どの事業をやめるのかを決めます。

そして最後にHowです。どうやって育てるのか、どうやってやめるのかを決めます。

この意思決定の順番が非常に大切です。いきなり細かい各論、たとえばWhich（どの事業に資源投入してどの事業から資源を引き揚げるのか）に入ってしまうと、個々の事業の利害関係者の間で全体最適の本質を忘れた駆け引きが始まってし

まいがちです。

まずは上位概念から順番に経営幹部が話し合って、全体最適を順番に合意していくべきでしょう。そもそもなぜ事業ポートフォリオの再整理が必要なのかについて経営幹部内で合意した上で、どの程度の事業を育成したり撤退したりしないと我が社が立ち行かなくなるかという全体像も押さえておかないと、そのあとの各論で紛糾します。

これらについて合意した後で初めて、具体的にどの事業をどうするかという議論ができるようになります。

そして当然ながら、前述の意思決定のどの段階で誰を議論に巻き込むのかを企業文化を考えながら周到に決めて実行すべきでしょう（誰が誰に提案するのか、誰が議論に参加するのか、最終的には誰が意思決定するのか、意思決定した後には誰が実行するのか）。実行に当たるキーパーソンを早い段階から巻き込んでおくことも重要なポイントです。

実行を徹底する（A社の例）

電子部品を手掛けるA社は非常に優良な企業です。業界平均収益率は日本でも世界でも一

○%を切っていますが、A社の収益率（経常利益率）は過去二〇～三〇年間、二〇%以上を維持しています。

その強さの一端は、同社が徹底して行っているポートフォリオ・マネジメントです。同社は事業部ではなく、個別の製品についてPPM分析を行い、「金のなる木」製品からは刈り取り、「負け犬」製品は撤退するというように、厳格に製品を管理しています。

特に、「問題児」や「スター」の製品にはしっかりと投資を行い、同時に顧客には適正な値段を要求します。競合が参入してくると、価格水準が下がり、値下げ競争が始まるのですが、A社は原則として値下げは行わず、「金のなる木」としてキャッシュを稼ぎます。

値下げ競争に参加しないので、当然ながら徐々にシェアを失い、最後は撤退することになるのですが、値下げしてキャッシュを生まなくなった製品を続けるよりも、できるだけ「金のなる木」としてキャッシュを稼いで、そのキャッシュを「問題児」や「スター」に投資をしたほうがいいと考えています。

A社ではPPMの理論通りに素直に製品群を管理しているだけなので、一見シンプルに見えますが、多くの企業では「理論」では正しいことを「実行」できません。たとえば、受注競争が激化してくるとなんとか受注しようと多少値引きしてしまうのが、営業担当者の心理です。それが積み重なると、いつの間にか「金のなる木」になるはずだった製品が、値引きによって「金を生まない木」になってしまいます。

A社では値引きに関して非常に厳しい基準が設定されています。基準を超える値引きはすべて社長決裁を受けなくてはなりません。社長が値引き申請書を一枚一枚見ては、営業担当者を呼び出して納得のいくまで説明させるのです。これによって、営業担当者がなし崩し的に値引きを行って「金のなる木」を殺してしまうことを防いでいます。

一方、値引きをしないことによって失注を繰り返していれば、いずれ事業は衰退してしまいます。したがって、次々と新しい製品、すなわち「問題児」や「スター」を生み出さなければなりません。

A社では、新製品を増やすために、営業担当者の評価制度を工夫しています。多くの場合、営業担当者の評価はほぼ売上や利益で決まるのですが、A社ではそれは評価の半分にしかすぎません。もう半分は、どれくらい新製品のネタをお客さんと議論して拾ってきたか、それを開発部門に回したかということを評価基準としています。

こうした評価制度に加えて、新製品のアイデア探索のトレーニングを社内で徹底させることで、新製品が常に生み出される状況を作り上げています。ＰＰＭを使うときには、実行を徹底させるためのこのようなヒューマンウエアをしっかりと作り込むことが重要です。

実行上のチャレンジ──問題児をめぐるジレンマ（伸びている事業をなぜやめるのか）

ポートフォリオ・マネジメントで特に厄介なのが、「問題児」事業のうち、どれをやめるかを決めて、それを実行することです。

問題児は市場が成長している上に、自社の業界ポジションも低いため、相当な積極投資をしなければ市場からはじき出されてしまいます。ところが、複数の「問題児」事業を抱えている場合、そのすべてに積極投資するだけの資源は持ち合わせていないことが多いはずです。

ではどうするのか。すべての問題児に少しずつ中途半端に投資しては、すべての問題児が共倒れになります。したがって積極投資する事業と投資をしない事業（すなわち見切る事業）を選択しなければなりません。

ＰＰＭはどの事業が「問題児」事業なのかは教えてくれますが、どの「問題児」事業をやめるべきかについては教えてくれません。このため、経営者としては、非常に厳しい決断を迫られることになります。

たとえばある「問題児」事業は業界第5位だが、市場は急成長しているとしましょう。当然ながら事業部長は、必死に事業戦略を考えています。市場が急成長しているのだから、正しい戦略を作って資源を投入して正しく実行すれば、事業を急成長させることができるかもしれません。

この事業部長が、「R&D予算を増やしてこういう製品を開発し、工場を拡張して生産能力を倍増し、同時に営業担当者を倍増して販路を拡大すれば、一位か二位に躍り出られる」という戦略を作ったとしましょう。すると事業部長は「この戦略を実行するには二〇億円が必要です。私に二〇億円回してもらえれば、必ず倍以上にしてお返しします」と経営者に直訴してきます。

ところが「問題児」事業が複数ある場合、他の「問題児」事業の事業部長も同じように必死に打ち手を考えて経営者に積極投資を直訴してくるはずです。その中で経営者は「一つひとつの事業の成長戦略は正しい。ところが残念ながら全部の事業に投資できないから、あなたの事業部は見捨てる」と告げることが本当にできるでしょうか。

事業に将来性がない、あるいは事業部長が考えてきた戦略の質が低いのであれば、話にならないと突き返すこともできます。ところが、その事業に将来性があり、戦略が正しかったとしても、切り捨てなくてはならないこともあるのです。そこで見捨てられた事業部長は不条理な決定だと思うはずです。そこで腐らせることなく、前向きに取り組んでもらうには、どうすればよいのでしょうか。

全社戦略ではこの種のつらい意思決定をやりきらなくてはならないのです。ところが、往々にして冷徹な取捨選択ができずに、全事業に資源を均等配分してしまう傾向が見られます。その結果は、どこから見ても中途半端で、みんなが共倒れとなることを意味しているのです。

トップの思いに応じた使い方をする

事業の取捨選択という厳しい意思決定を行い実行するためには、経営者の思いが明確に定まっていなければなりません（図表2―18）。経営者の思いや目的に沿って、事業ポートフォリオ・マネジメントに関する仮説を立て、それを分析・検証するツールとしてＰＰＭを用いるのが本筋です。

図表 2-18　事業ポートフォリオ・マネジメントには経営者の強い「思い」が必要

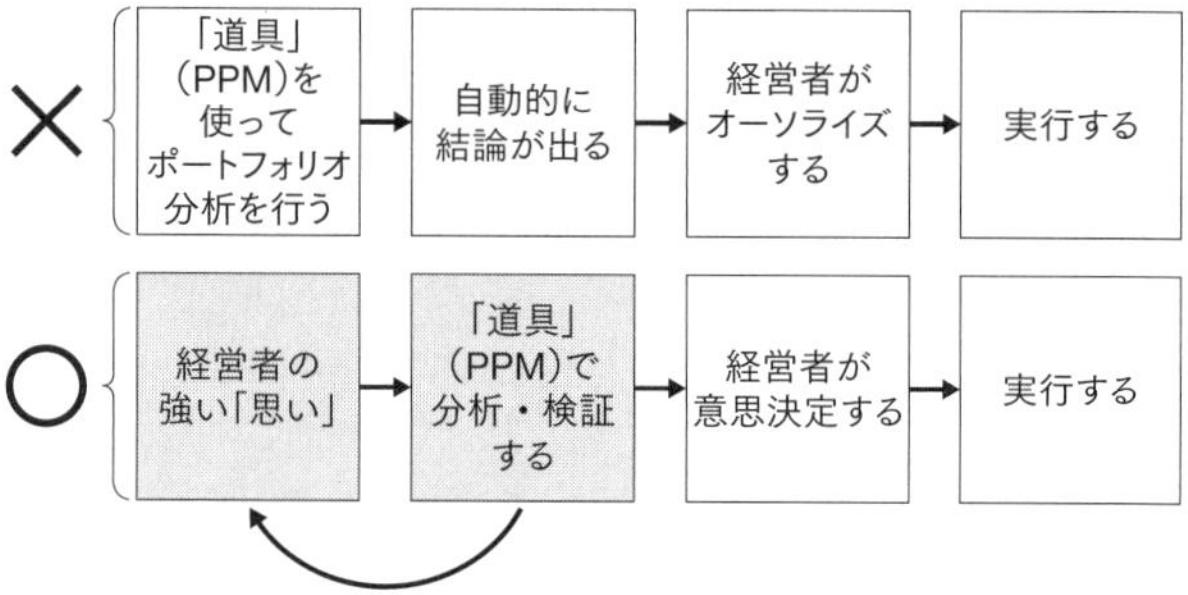

　この点を勘違いするケースが時折見受けられます。ＰＰＭはあくまで「道具」にすぎないので、道具を使って何を達成したいのかという思いがなければ道具は役に立たないのです。「我が社はこうあるべきだ、だから、これをしなくてはならない」という経営者の思いがなければ、どれだけ道具を使って分析を重ねても意思決定はできませんし、ましてや実行はできないのです。

　たとえば、過去のしがらみにより、気がつくと多くの事業を抱えすぎて、資源が薄く広く分散している。その結果、個々の事業に必要な資源が回らなくなり、共倒れの危険性がある。したがって何が何でも三分の一くらいの事業を見切って、残りの事業に資源を集中したい、という経営者の強い思いがあるとしましょう。

　その場合は、やめる事業を見極めるためにＰＰＭを使うことになります。まずは「負け犬」事業はどれくらいあるのか、「負け犬」事業をやめることによって浮いてくる資源（ヒト・モノ・カネ）はどのくらいなのか、を見ることになります。

「負け犬」事業をやめるだけではまだ絞り込みが足りない場合には、本来ならば投資すべき「問題児」および「スター」事業の中のいくつかをあきらめる必要があるかもしれません。「問題児」および「スター」事業がどのくらいあるのか、その中でどの事業に集中するのかを見ていきます。

あるいは、経営者に「今の主力事業は遅かれ早かれ衰退するので次の大黒柱を打ち立てたい」という思いがある場合は、まずはPPMの上半分（スター、問題児）に注目します。そこにどのような事業があるか、次の大黒柱に育てるのはどれか、そのためにはトータルでどれくらいの資源が必要か、を検討します。

次にその資源は我が社の内部で賄えるのかを見ます。すなわち「金のなる木」事業がどれくらいの資源（キャッシュ）を生みそうなのか、あるいは「負け犬」事業をやめることによってどれくらいの資源が浮くのか。内部での資源調達が無理だとすれば外から調達できるのか、それとも内部で賄える範囲で冷徹に厳選した大黒柱候補に資源集中するのか、を考えます。

別の場合には、経営者として低業績事業を少なくとも平均程度には引き上げたいと思っているかもしれません。その場合はまずは右半分（相対マーケットシェアの低い事業）に注目します。

右半分は右下（負け犬）と右上（問題児）に分かれます。右下の「負け犬」事業は原則として撤退なのですが、念のため本当に平均程度に引き上げることはできないのかを見ていきます。次に右上の「問題児」事業を平均程度に引き上げるためにはかなりの資源投入が必要なはずなので、トータルでどのくらいの資源投入が必要なのか、その資源は「金のなる木」事業だけで賄えるのかを見ていきます。

このように、経営者が達成したいと思っている姿によって、PPMの使い方は異なってきます。そしてどのような姿を目指していても、結局はアクションは事業の「切った貼った」を伴うことが多いので、最初からその覚悟が必要です。そうでなければ、PPM分析は単なる紙の上の知的なお遊びに終わってしまうのです。

図表 2-19　事業をやめる際の3つのアプローチ

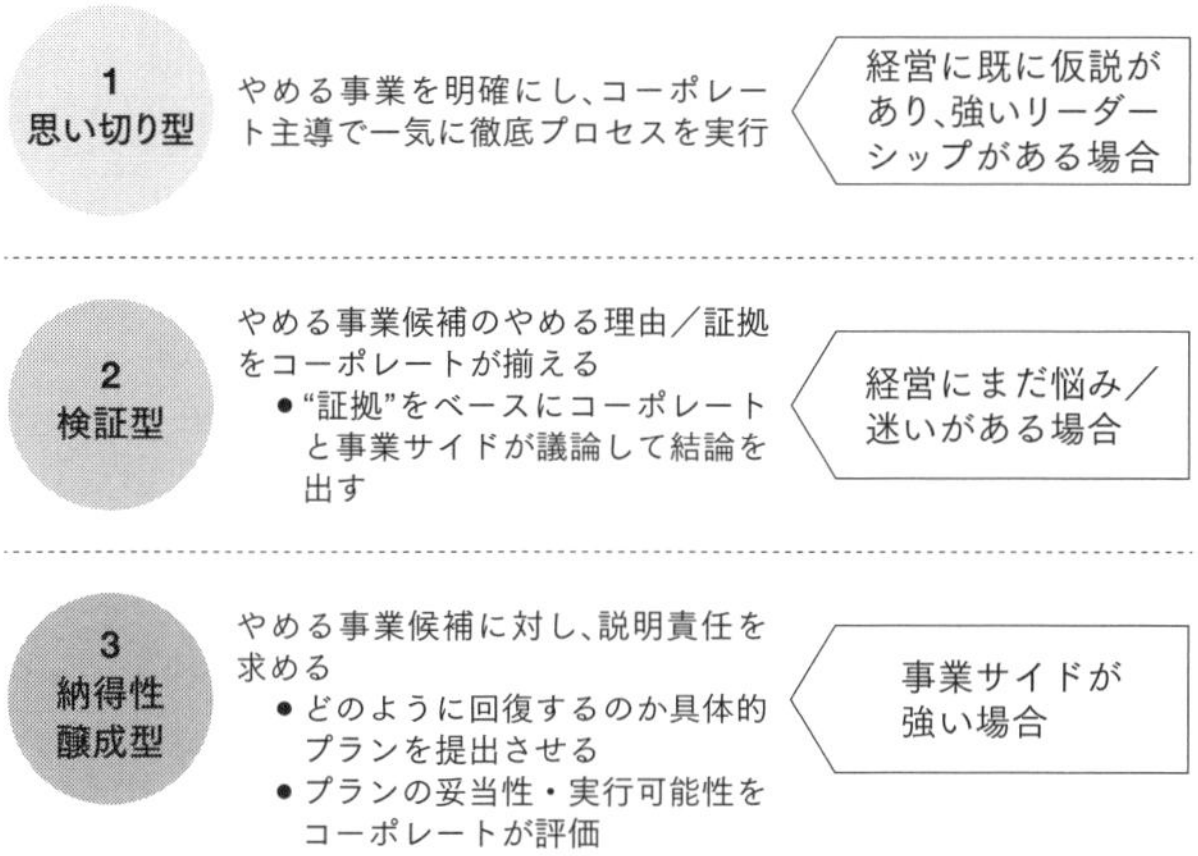

1 思い切り型	やめる事業を明確にし、コーポレート主導で一気に徹底プロセスを実行	経営に既に仮説があり、強いリーダーシップがある場合
2 検証型	やめる事業候補のやめる理由／証拠をコーポレートが揃える ● "証拠"をベースにコーポレートと事業サイドが議論して結論を出す	経営にまだ悩み／迷いがある場合
3 納得性醸成型	やめる事業候補に対し、説明責任を求める ● どのように回復するのか具体的プランを提出させる ● プランの妥当性・実行可能性をコーポレートが評価	事業サイドが強い場合

［出所］ BCGとのディスカッションを参考に筆者作成

事業の取捨選択実行における三つのアプローチ

　事業の取捨選択とは生身の組織の取捨選択なので、意思決定よりも実行のほうがはるかに難しいのです。特に事業をやめる場合はさまざまな抵抗にあい、当初のプランが骨抜きにされたり、あるいは経営者や本社が及び腰になったりして、本来の成果が得られないことも多くあります。

　成果を得るためには、合意形成の方法、実行担保の方法が非常に重要ですが、ＰＰＭ分析はそこまで教えてくれません。

　事業撤退を実行する際には、経営者や関係者の力関係によって主に三つの進め方があります。「思い切り型」「検証型」「納得性醸成型」です（事業撤退の納得性醸成、実行担保の方法に関しては、BCGのシニア・パートナーである重竹尚基氏とのディスカッションからヒントを得ました）（図表2－19）。

思い切り型　たとえば、経営者が既に事業の取捨選択が必要だという仮説を持ち、かつ強いリーダーシップがあれば、やめる事業を明確にし、本社主導で一気に徹底して実行していくことができるでしょう。

検証型　経営者が「いくつかの事業をやめなくてはならない」と思っているものの、悩みや迷いが残っているときには、やめる事業候補のやめる理由／証拠を本社スタッフが揃え、それに基づいて本社と事業サイドの両者が議論して結論を出すアプローチが有効です。

納得性醸成型　事業サイドが強く、本社主導で一気に事業の取捨選択ができない場合は、事業サイドの〝納得性〟を醸成していくアプローチが有効です。特に、将来性がないという結論になった事業については、該当事業サイドで、どのように回復させるかというリカバリープランを考えてもらうのです。そして、プランの妥当性や実行可能性については本社が判断します。プランを実行することになれば、どのタイミングで進捗を確認し、うまく進んでいるかどうかをどの指標で確認するか、また、うまく進まないことがわかった時点でその事業はやめるといったことも、事前に合意をとりつけておくのです。

こうした場面で、議論の材料を提供するという点でも、PPMが有効です。客観的な軸を用いて、事実に基づいて状況を共有すれば、感情論に走らず、冷静に議論できるようになります。すなわち、納得し意思決定するヒューマンウエアをサポートするツールとして、PPMがあるのです。

事業撤退はケース・バイ・ケースで——真っ黒事業、執行猶予事業、サポート事業

事業ポートフォリオのマネジメントで最も難しいのは、やはり撤退するときです。ここではある企業の例を紹介しましょう。その企業では、撤退を検討する事業を、「真っ黒事業」「執行猶予事業」「サポート事業」の三つに分類して検討しました。

真っ黒事業はどう見ても将来性がなく、当該事業部の人たちも内心は撤退はやむを得ない

と同意するような事業です。

この場合、いったんやめると決めれば納得も得やすいので、あとはいつまでにどうやって撤退するかというシナリオを作り、本社および当該事業の具体的アクションを決めて粛々と実行することになります。つまり、具体的にどのような手順で撤退するか。売却するのか、整理するのか。やめた場合に、そこで働いていた人をどうするか、などを考えていきます。

執行猶予事業は、撤退の検討対象事業ではありますが、真っ黒事業ほど悲観的ではないので、執行猶予の期間を与え、事業部長に努力してもらい、その間に撤退しないで事業を再生できそうかどうかを、事業部長と本社とで見極めます。

このときにやってはいけないのは、仮に三年を猶予期間とした場合、三年後まで放置することです。

まずはこれから三年間でどのように回復させるかという詳細なプランを事業部に策定してもらい、事業部と本社がひざ詰めで議論して合意を形成します。さらに、猶予期間が三年だとしても、最終年の結果で判断するのではなく、回復基調にあるかどうかを判断する客観的指標を設定し、半年後や一年後など途中の到達点（マイルストーン）を定めて、進捗をしっかりとモニターする必要があります。

サポート事業は、単体で見ると収益やキャッシュフローをさほど生まず、やめたほうがいいという判断になりがちですが、その事業を続けているからこそ、他の事業がうまく運営できている場合があります。その事業をやめると全体に悪影響が及ぶケースです。

サポート事業に位置付ける場合、その事業のパフォーマンスをどのように評価するかが重要になってきます。「他の事業に貢献しているから、うちの事業には存在意義がある」という言い訳につながりやすいからです。

したがって実際にどのような貢献をするのか、その貢献の程度はどのくらいなのか、結果として他事業に与えた貢献は当該事業のコストを正当化できるのかを、客観的に測定・評価できるような指標を設定する必要があります。

サポートの評価には、収益やキャッシュのようにわかりやすい指標が使えない場合があるので、それに代わる指標を事業と本社が一緒に考えて設定し、合意しておくべきでしょう。合意した指標に沿って評価した結果、目標を達成していない場合は、このまま存続すべきかどうかを考え直すことになります。

事業をやめるのは非常に難しいので、シナリオは細部まで丁寧に作り込んでいく必要があります。本社が上から一方的に分析し、目標や指標を作成して、事業部に押し付ける形もあ

デュポンの事業の変遷

1802年創業	最初の100年（1800－1900年）	第2の100年（1900－2000年）	第3の100年（2000年以降）
	火薬	ケミカル（合成素材）	バイオ／アグリフード 高機能材料

り、新しいことや慣れないことを始めるので、失敗も多いのです。

たとえばデュポンはバイオ事業へのシフトの一環として、製薬事業に乗り出し、1991年にドイツの製薬大手のメルクと合弁会社を作りました。その後、50％出資していたメルクの持ち分を25億ドルで買い取り、完全にデュポンの子会社にしています。しかし結局はうまくいかず、2001年にブリストル・マイヤーズ スクイブに78億ドルで売却しています。こうした失敗に懲りて、既存事業にしがみつこうとする企業が多いのですが、デュポンはあきらめずに何度も挑戦し続けています。

デュポンはかつての大黒柱事業であった繊維事業ですら、将来を見通して有望ではないと判断したら、きっぱりと撤退しています。2004年に繊維事業から撤退していますが、当時、同事業はデュポン全社の売上の4分の1を占めていたのです。

この選択が正解だったかどうかはまだわかりませんが、生き残りのための将来への投資のためには過去の看板事業の売却も厭わない大胆さこそが、デュポンが200年にわたって存続できた理由ではないでしょうか。

デュポンは繊維事業を売却して得たキャッシュを使って、種子の大手企業に20％出資し、3年後に残りの80％も買い取っています。一方、同じ繊維メーカーであるカネボウは、化粧品事業という非常に有望な事業を持ちながら、お荷物事業になってしまった過去の大黒柱の繊維事業を捨てきれず、結局は消滅しました。

デュポンが今後、「第3の100年」を生き残るための事業ポートフォリオの転換に成功するかどうかは現時点では未知数ですが、少なくとも、事業の盛衰を適切にマネジメントしていかなければ、企業は長く存続できないことは間違いないのです。

COLUMN

デュポンの事業ポートフォリオ・マネジメント
——200年企業はどのように事業を組み替えてきたか

ひと頃、企業の寿命は30年と言われましたが、アメリカの化学品メーカーのデュポンは200年以上続いている企業です。これほど長く存続してきたのは、ポートフォリオ・マネジメントをしっかりと行い、うまく事業を乗り換えてきたからです。

創業した1800年代、デュポンは火薬製造で大成功していました。しかし、火薬を使う主力顧客は軍隊、すなわち戦争です。将来的に戦争のない世の中となり、火薬の需要が激減するだろうと見通していたデュポンは、いかに事業ポートフォリオを組み替えるべきかを必死で考えざるを得なかったのです。

1900年代、デュポンは合成素材メーカーへと転身を図ります。同社は当時、極めてユニークな分析を行いました。絹や木綿などの天然繊維の市場が全世界でどれだけあるか。それが化学的に合成した繊維にシフトした場合、どの程度のコストで合成できればどの程度の売価になり、どの程度の事業規模になるのか。

同様に、天然皮革を合成皮革で代替するケース、あるいは天然ゴムを合成ゴムで代替するケースなど、既存の天然素材市場を化学的に合成する素材に置換した場合の事業シミュレーションを行いました。そして、いくつかの候補を絞り込み、投資を行い、20〜30年という長期間をかけて開発に取り組んだのです。

その結果、たとえば1935年に合成繊維ナイロンの開発に成功し、40年代にナイロンを商品化しストッキングを発売しています。その他、焦げないフライパンなどに用いられているテフロンなどの画期的な素材も開発しています。

2000年代になると、デュポンは再び事業の組み替えに挑みます。いつまでもナイロンやテフロンに頼っていられないと考えたのです。本書の執筆時点では、バイオ、アグリフード、高機能材料など、いくつかの分野に大胆に投資しながら、試行錯誤を続けています。

こうした事業ポートフォリオ・マネジメントは、口で言うのは簡単ですが、やり抜くのは大変なことです。新規事業は定義により得ますが、むしろ事業部も意思決定のプロセスに関与させて納得を引き出すようにしたほうが実行が担保されます。

繰り返しになりますが、PPMというツールだけを振りかざすのではなく、ヒューマンウエアに留意しながら、ポートフォリオ・マネジメントを行っていくことが重要です。

第3章

シナジー・マネジメント

企業はなぜ複数事業化を目指すのか（経営者の視点）

起業のときからいきなり複数の事業を始める企業は多くはありません。ほとんどの場合、単一事業から起業します。その事業が軌道に乗って成功してくると、第二、第三の事業を手掛ける企業が多くなります。結果として、多くの企業は複数事業を営むようになります。果たして、複数事業化（多角化）には必然的な理由があるのでしょうか。また、それは投資家の利益と一致するのでしょうか。

なぜ多くの企業が複数事業化するのでしょうか。いくつかの理由が考えられます。第一の理由は「企業全体の業績の平準化」です。

単一事業だけでは、その業界の景気の変動に伴って事業の業績も上下し、それに比例して企業全体の業績も好不況の波に左右されてしまい安定しません。そこでA事業とは異なる業績変動のパターンを持つB事業も営み、仮にA事業が不振でもB事業が好調であれば、合算することで企業全体では安定的な業績を維持できる可能性があります。

企業全体としての業績が乱高下するのはよろしくない、企業としては業績を安定させるべきだと考えるのであれば、一つの企業が動きの異なる事業を複数持つことにより企業全体の業績が平準化できるので、複数事業化には意味があります。

第二の理由は「衰退事業の補完による企業としての存続」です。

どの事業にも寿命というものがあり、永遠に存続できる事業はありません。一九八〇年代に「事業の寿命は三〇年」というキーワードが流行しました（『会社の寿命』日本経済新聞社、一九八四年）。デジタル革命が進んでいる今日では、事業の寿命は三〇年どころかもっと短くなっています。そうだとすれば、単一事業に頼っていては企業として存続できません。先を見越して次の事業、さらにその先の事業と、事業を加えていく必要があります。A事業が衰退するまでにB事業がうまく立ち上がっていれば、存続し続けることができます。したがって、複数事業化が必要だということになります。

第三の理由は「企業としての成長」です。どれほど有望な事業であっても、永遠に成長を続けることは難しいのです。事業の売上は市場規模×市場シェアです。

まず市場規模ですが、永遠に成長し続ける市場はありませんので、遅かれ早かれ徐々に市場の伸びは鈍化し、最後には市場は縮小し始めます。

次に市場シェアですが、事業が成功して市場シェアが上がるほど、市場シェアをさらに高めていくことが難しくなります。

同じ一〇ポイントアップでも、一〇%の市場シェアを二〇%にすることよりも、八五%の市場シェアを九五%にすることのほうがはるかに難しいのです。

したがって、市場規模×市場シェアの掛け算の結果である売上成長は、遅かれ早かれ頭打ちになります。それでも成長を続けたいと思うのであれば、他の事業を始めないといけないと考える企業が多いのです。

第四の理由は「余剰キャッシュの有効利用」です。株式会社を前提とする場合、余ったキャッシュを寝かせておくことはリターンを生まないため、投資家から見れば悪なのです。配当として還元するか、さらに

COLUMN

成長は必須なのか

必ずしも成長は必須ではありません。たとえばスイスの高級腕時計メーカーの多くは毎年、限られた数の腕時計しか作らないので企業としては成長していません。それでも高価で買い求める熱烈な顧客が存在し、安定して高収益を維持しています。あるいは京都で創業300年を超える老舗の一保堂（日本茶）や松栄堂（お香）も、安定した業績を維持しており、成長を目指してはいません。ただし一保堂も松栄堂も非上場のファミリービジネスです。そのため株主からの企業価値向上というプレッシャーがありません。企業価値向上のためには事業規模の成長あるいは利益率向上が必要なので、上場企業の場合は資本市場が成長を求めるのです。

大きなリターンを生むための投資をしないと、株主は納得してくれません。経営者は往々にして、余剰のキャッシュがあるなら、株主に還元するよりも新事業を始めたほうがいいと考える場合が多いのです。

第五の理由として「経営者の願望」が考えられます。事業や企業を大きくしたい、それによって自分が優秀な経営者であることを証明したい、実業界で認められたい、という願望です。

第六の理由は「シナジー」です。仮にA事業とB事業の間に何らかのシナジー（相乗効果）があるとしましょう。その場合は、単独の成果はそれぞれが1であっても、同じ企業の傘下で事業を行ってシナジーを効かせれば1＋1が2以上の成果になる。そうだとすれば、A事業とB事業はバラバラではなく、同じ企業が一緒に行ったほうがいいという考えです。

複数事業化は意味があるのか（投資家の視点）

ここまで企業の複数事業化として考えられる理由を六つ挙げてきましたが、これらはいずれも経営者の視点から複数事業化を見たものです。投資家から見てこれらの複数事業化は納

図表 3-1　複数事業（経営者の視点）対複数投資（投資家の視点）

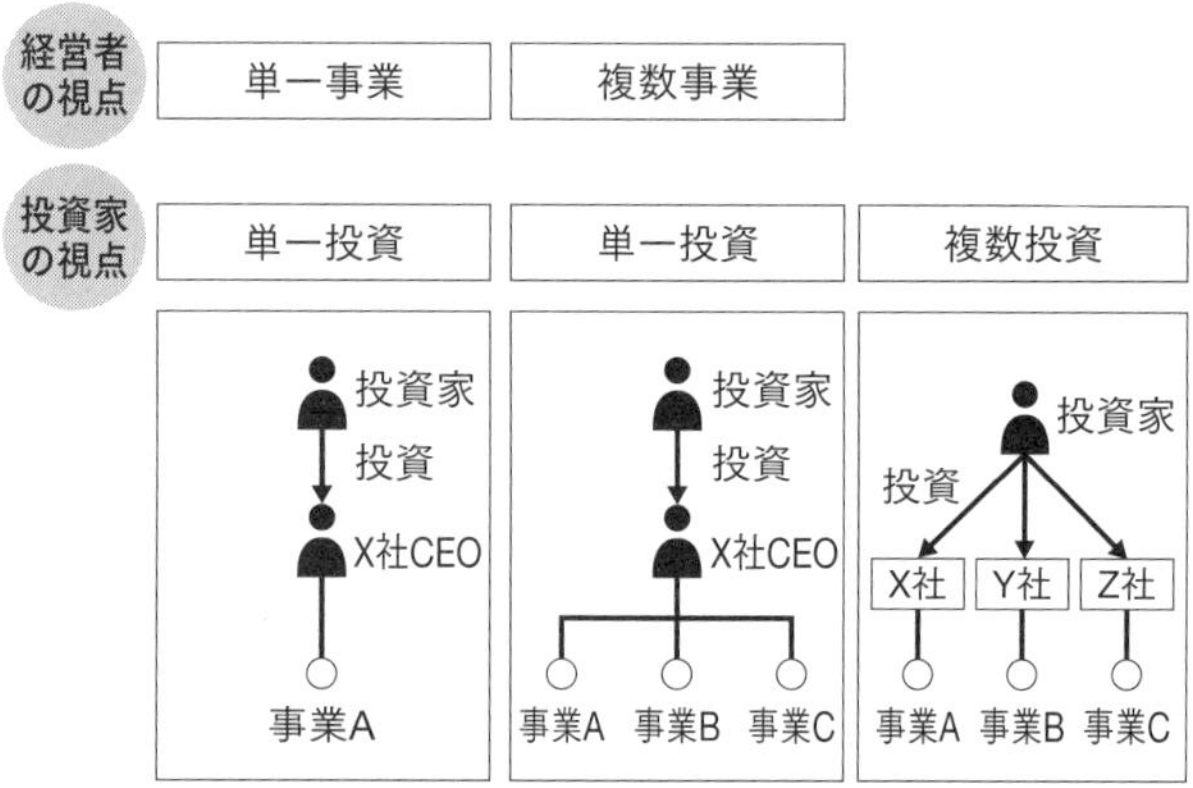

得できるのでしょうか（ここでは上場企業を前提としています）。なぜならば、投資家から見れば、投資する事業対象を増やしたい場合、複数事業を営む単一企業に投資するのではなく、異なる事業を営む複数企業に投資するという選択肢があるからです（図表3－1）。

たとえば、前述の第一の理由「企業全体の業績の平準化」を見てみましょう。経営者からすれば、企業の業績が変動して株価が上下し、安定配当ができないと、投資家も不安でたまらないはずだと考えます。A事業だけでは業績が安定しないので、B事業を始めて、A事業＋B事業の合計で業績を安定させて、株価や配当も安定化したほうが投資家のためになる、という理屈です。

実際には、投資家から見るとそうでもないかもしれません。これまでA事業で素晴らしい成果を出してきた企業だとしても、B事業に挑戦するのは初めてです。新しいこと、未経験のことは当然ながら失敗する確率が高くなります。

経営者は投資家のためと思っているかもしれませんが、失敗する確率の高い事業を始めることを、企業の所有者である投資家は望まないかもしれません。危険なことに大事なお金を投じたくないからです。

さらに、実のところ投資家から見れば、一企業の業績は必ずしも安定していなくても構わないかもしれません。A事業とB事業の業績変動が表裏の関係にあり、二つ合わさると安定するのであれば、投資家から見れば、既にB事業を専業として成功しているB社の株を同時に保有すれば済むことです。各社の株価は変動しても、投資家が保有している株式ポートフォリオ全体で安定が図られていれば、投資家にとっては問題はありません。

投資家は証券会社に電話をしてA社株を半分売却し、その売却資金でB社株を買うことができます。電話一本、数分で済むことです。ところがA社が新たにB事業を始める場合、準備、立ち上げ、軌道に乗せるまでには何年もかかります。しかも成功するという保証もありません。未経験の新事業に手を出すのですから、むしろ失敗する確率のほうが高いでしょう。

このように、投資家から見れば、A社がB事業に新規参入することのほうが時間もかかるしリスクも高いのです。それよりも既にB事業で成功しているB社の株を買うほうが、格段によい選択肢なのです。

二番目の「衰退事業の補完による企業としての存続」も、投資家から見ればまったく同じ理由で意味がありません。今の我が社が手掛けているA事業の寿命はせいぜい二〇年であり、寿命が尽きたときに株式の価値がゼロになれば、投資家も困るはずだ、だから衰退するA事業から将来有望なB事業に乗り換えることは投資家のためになると経営者は考えるかもしれません。

しかし投資家から見れば、衰退するA事業からB事業に乗り換えることは、投資する企業を乗り換えることで簡単に実現できるのです。A社が何年もかけて未経験の新規事業のB事業に大枚を投じて失敗するよりも、A社が得意なA事業を二〇年間続けながら最大限のリターンを出して配当金をもらい、その配当金、あるいはA社株の売却資金で将来有望なB事業を既に行って成果も出しているB社に投資したほうがよいと考えるのです。

「ゴーイング・コンサーン（継続企業）」として企業を存続させるために成長を志向すると

いうのも、余剰資金を返さないのも、冷徹な資本主義の理論からすれば、経営者のエゴにすぎません。経済的利益を最大化するのが投資家の目的であると仮定するのであれば、ある企業が成長しようとして失敗する確率が高い不慣れな新規事業を始めることは容認できないのです。

投資家としては、より有望な他の企業に投資先を乗り換えるほうが、その企業が不慣れな新規事業に走るよりもはるかに手っ取り早く、確実なのです。ましてや経営者の野望やエゴで成長したいなどというのは、投資家の論理からいえば言語道断です。

このように見ていくと、「企業全体の業績の平準化」「衰退事業の補完による企業としての存続」「企業としての成長」「余剰キャッシュの有効利用」「経営者の願望」という経営者視点の複数事業化の理由は、投資家から見ればすべて正当な理由とはならないのです。

ただし、経済合理性を追求して株主価値を最大化したい投資家にとって唯一、複数事業化が納得できる理由があります。それは、事業間でシナジーが効くときです。

A事業だけを行うX社、B事業だけを行うY社、C事業だけを行うZ社の三社の株式を買ってもリターンは合計で1＋1＋1＝3にしかならないのですが、A事業、B事業、C事業を同じ企業が行うことで事業間シナジーが効く場合は、1＋1＋1が3以上になります。投

図表 3-2　複数事業間シナジーが効く場合の企業価値

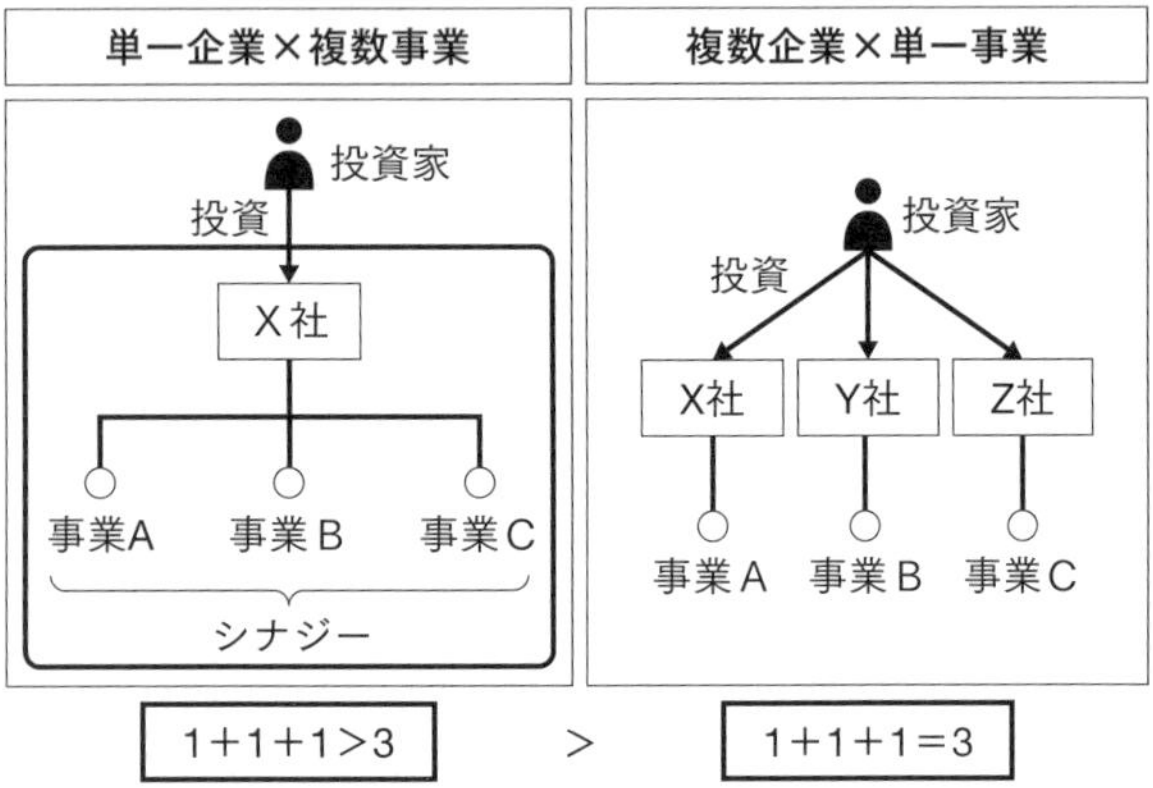

資家から見れば、複数事業化してシナジーを効かせている一社の株式を保有したほうが経済的にリターンが大きいということになるのです（図表3−2）。

シナジーとは何か

1＋1＋1が3以上になるというシナジーには、いくつかのタイプがあります。経営学者のジェイ・バーニーの考え方を借りると、「活動の共有」「コアコンピタンスの共有」の2種類に分けることができます（図表3−3）。まず、「活動の共有」から見ていきましょう。

活動の共有

これは、特定の事業活動を複数の異なる事業が

図表3-3　シナジーのタイプは2つ

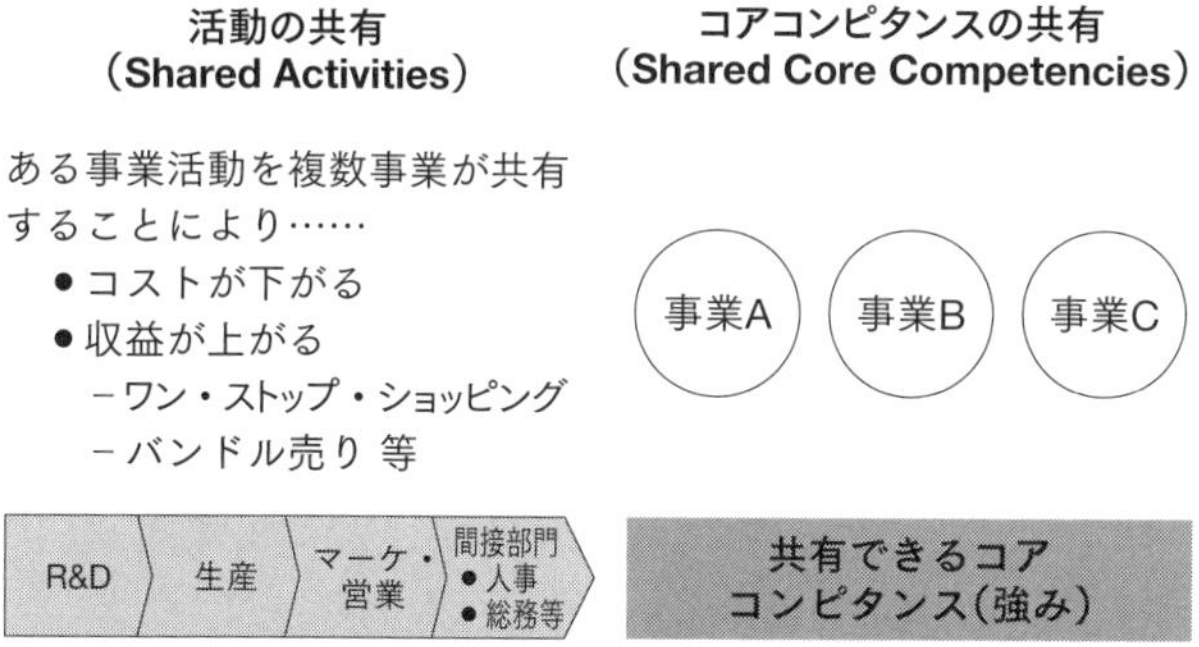

［出所］『企業戦略論——競争優位の構築と持続』（ジェイ・B・バーニー著、岡田正大訳、ダイヤモンド社）を参考に筆者作成

一緒に行ったほうが、個別に行うよりもプラスになる状況です。

たとえば、複数の事業間で生産工場を共有すると、規模の経済性が効いたり、生産が平準化されて工場の稼働率が高まることにより製造コストが下がる場合があります。あるいは必要な製造ノウハウが似通っている場合は、製造オペレーターの習熟度が高まり生産効率が上がるかもしれません。また、一方の製品の製造経験から培ったノウハウをもう一方に容易に移転できるため、品質や生産効率が向上するかもしれません。

あるいは、A事業とB事業は同じ顧客を対象とし、製品知識も似ているので、単一の営業担当者がまとめて売り込んだほうが自社にとって効率が良く、顧客の満足度も高まるかもしれません。他にも、複数の事業が研究所を共有することで、コスト削減、スピード向上、成功確率の向上など、R&Dのパフォーマンスが向上することもあり得ます。

こうした活動の共有は比較的わかりやすく、どの活動を共有すると、どのような効果が出てくるかを分析し、共有すべきかどうかを意思決定していきます。

その一方で、活動の共有にはマイナス面もあります。一つは「平均化の罠」(図表3−4)、もう一つは「複雑性の増大」(図表3−5)です。この二つに関しては、第5章で解説しますので、ここでは概念図だけを示しておきます。

事業部長からすると、他事業と活動を共有することは「平均化の罠」「複雑性の増大」というマイナス面があるため、できれば避けたいと考えても不思議ではありません。四半期ごとに売上や利益などの結果を出すことを厳しく要求されている事業部長からすれば、常に自分のほうを向いて、自分の指示を最優先して素早く動いてくれる工場や営業部隊を持っているほうが結果を出しやすいからです。

これに対して本社は、機能を個別に分散させるよりも、まとめて共有化したほうが、必要な人数・資産が減りコストも下がるので、共有化したがる傾向があります。こうしたせめぎ合いに対して、どちらが全体最適かという視点で冷静に考えなくてはなりません。

図表3-4　活動の共有のマイナス面（1）：平均化の罠

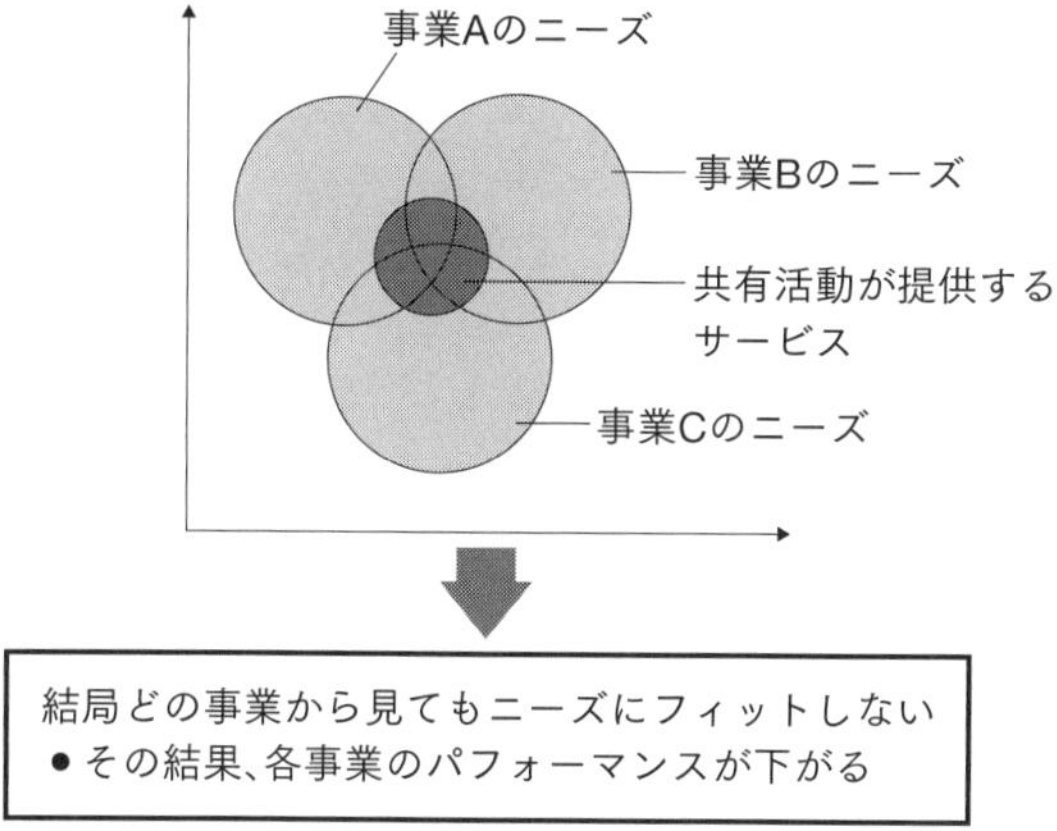
事業Aのニーズ
事業Bのニーズ
共有活動が提供する
サービス
事業Cのニーズ
結局どの事業から見てもニーズにフィットしない
●その結果、各事業のパフォーマンスが下がる

図表3-5　活動の共有のマイナス面（2）：複雑性の増大

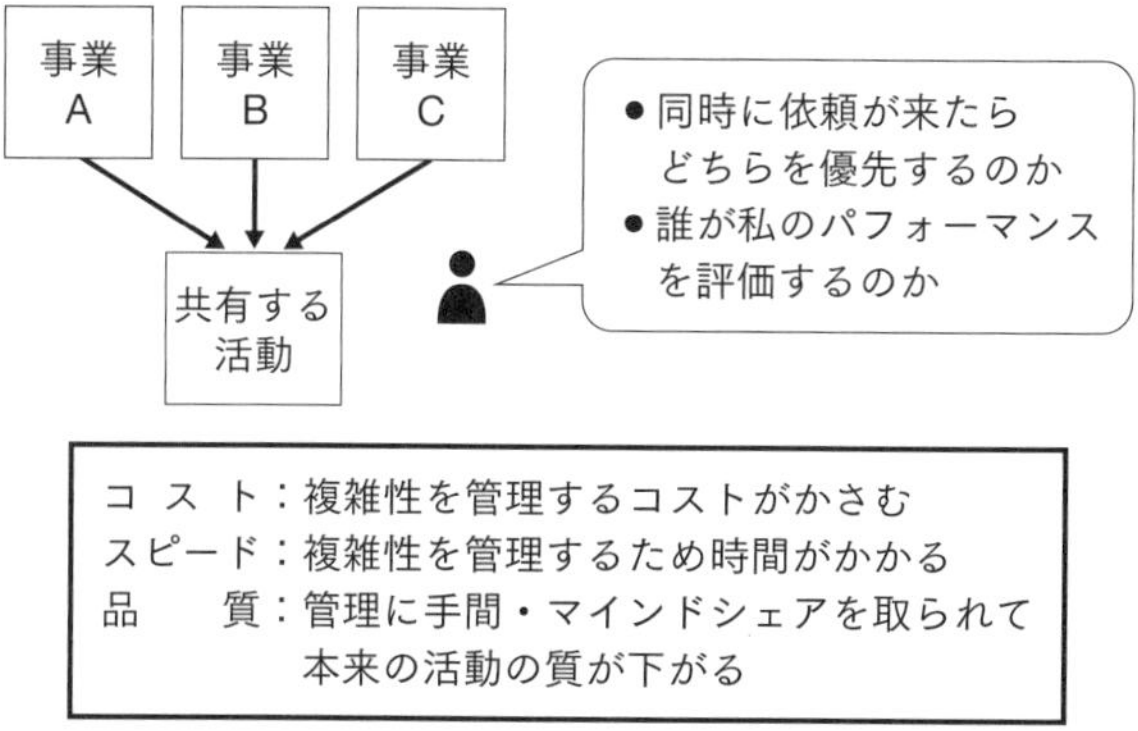
事業
A
事業
B
事業
C
共有する
活動
●同時に依頼が来たら
どちらを優先するのか
●誰が私のパフォーマンス
を評価するのか
コ ス ト：複雑性を管理するコストがかさむ
スピード：複雑性を管理するため時間がかかる
品　　質：管理に手間・マインドシェアを取られて
本来の活動の質が下がる

コアコンピタンスの共有

もう一つのシナジーが「コアコンピタンスの共有」です。事業にはそれぞれのコアコンピタンス（根源的な強み）があるはずです。A事業とB事業のコアコンピタンスが似ているときは、それぞれが別個にコンピタンスを磨くよりも、一緒に行ったほうが全社としては最適でしょう（コンピタンスのシェア）。あるいは、A事業の持っているコアコンピタンスをB事業に持っていくと、B事業がより強くなることもあり得ます（コンピタンスのトランスファー）。

ここで難しいのは、自分の事業のコアコンピタンスは何かを見極めることです。実は、一つの事業だけでもその事業を成功させるための根源的な強みを見抜くことは難しいものです。長年、その事業に携わってきた人ほど、自分の事業に必要な強みについては知り尽くしていると思うかもしれませんが、案外そうでもない場合があります。ここで、一つの事例を紹介しましょう。

ブリタニカ百科事典——なぜ失敗したのか

ブリタニカ百科事典は世界ナンバーワンの百科事典ブランドでしたが、今では見る影もありません。オンライン百科事典のウィキペディアに駆逐されたと思っている人も多いかもしれませんが、実はそれよりも前にマイクロソフトとの競争に敗れたのです。

ブリタニカ百科事典が全二〇巻約二〇万円で販売していたときに、マイクロソフトはCD-ROM版の百科事典を五〇〇〇円程度で売り出しました。場合によって、パソコンを買うとオマケでついてくる場合もあったくらいです。

ブリタニカ百科事典の事業がマイクロソフトの百科事典に敗れた背景にはさまざまな原因がありますが、一つは、当時のブリタニカ百科事典の経営陣が自社のコアコンピタンスを誤って理解していたことです。

ブリタニカ百科事典の経営陣は、百科事典のコアコンピタンスは「コンテンツ（百科事典に記述されている内容）の品質」であると思っていました。その誤解のために、経営陣はマイクロソフトのCD-ROM版百科事典をそれほど脅威だと思わなかったのです。

というのも、マイクロソフトの百科事典はブリタニカ百科事典と比べてコンテンツがお粗末だったのです。それは当然といえば当然で、マイクロソフトは百科事典事業が本業ではないので、百科事典会社からコンテンツを買ってきて収録していました。マイクロソフトにコンテンツを提供した百科事典会社は、いわば自前のブランド名では勝負できない、マイクロソフトの傘下で戦わざるを得ない企業です。当然ながら一流ではありません。コンテンツの品質が劣っていたのです。

ブリタニカ百科事典の経営陣の考えでは、百科事典のコアコンピタンスは「コンテンツの品質」でした。すなわち、知りたいと思うどんな事でも載っているという網羅性。難しい事でも一般の人に理解できるような、説明のわかりやすさ。そして、各分野の権威に書いてもらうことによる、内容の正確性です。「網羅性」「わかりやすさ」「正確性」の三拍子が揃ってこそ良質のコンテンツになり、それこそが百科事典のコアコンピタンスであるという認識でした。マイクロソフトの製品はコアコンピタンスで本質的に劣っていたので、いくら価格が安くても、顧客はなびかないだろうと見ていたのです。

しかし、本当にそうだったのでしょうか。一定の年齢層以上の人であれば、子どもの頃に決まって家に百科事典があったのではないでしょうか。私は以前、百科事典を持っていたという五〇人くらいの人々に、子どもの頃にどのくらいの頻度でそれを開いていたかと尋ねたことがあります。すると、毎日見ていたという人はゼロ。週に一回〜月一回という人は数人。ほとんどの人は年に一回開くか開かないか、という程度だったのです。

要するに百科事典というものはほとんど開かない、ほとんど読まないものなのです。ほとんど読まれないのであれば、コンテンツの良し悪しが本当にコアコンピタンスであるとは思えません。しかし、ほとんど読まないにもかかわらず、子どものいる両親が世界中で高価なブリタニカの百科事典を購入していたのですから、明らかにブリタニカ百科事典には強み（コアコンピタンス）があったはずです。

良質なコンテンツがコアコンピタンスでないとしたら、いったい何がブリタニカ百科事典のコアコンピタンスだったのでしょうか？

真のコアコンピタンスはコンテンツではない？

考え直してみると、ブリタニカ百科事典の強さを支えていたコアコンピタンスは二つありそうです。一つは、営業力です。ブリタニカ百科事典は日本でも世界でも直販体制を敷き、営業担当者が戸別訪問を行っていました。昼間に、子どものいる主婦（あるいは主夫）に売り込みをかけていたのです。

訪問販売では、見知らぬ赤の他人である営業担当者は家に入れてもらうだけでも大変なことです。家に入れてもらうだけではありません。ブリタニカの営業担当者はお客様の心を開くのがうまく、居間に通され、お茶まで出してもらってしまいます。

そこで、お子様の教育がいかに重要か、百科事典がいかに教育に役立つか、ブリタニカが他の事典とどう違うかを切々と説いていくうちに、主婦（主夫）の財布のヒモが緩み、ご主人（あるいは奥さん）が仕事から戻って来る頃には、一式二〇万円のブリタニカ百科事典を既に購入済みという状況になっているのです。

このような仕事は並大抵の営業担当者ではできません。そのような最強の営業力を持った精鋭部隊を持っていることは、ブリタニカ百科事典の圧倒的な強みの源泉となっていたのです。

もう一つのコアコンピタンスは、ブランド力です。お客様を家に呼んでお茶を出したときに、居間にブリタニカ百科事典がずらりと並んでいれば、知的な家だという印象を与えます。ブリタニカといえば知性や教養という強いブランド・イメージの形成に成功していたのです。

したがって、ブリタニカ百科事典の真のコアコンピタンスは、最強の戸別訪問営業部隊と知性・教養というブランドであり、良質なコンテンツではなかったのです。

もちろん、実際に使ってコンテンツの質が低ければブランドに傷がつくため、ブランド維持の手段としてコンテンツも重要なのですが、それはあくまで手段であり、本質は営業力とブランド力だったのです。ところが、当時のブリタニカ百科事典の経営陣は良質なコンテンツがコアコンピタンスだと誤解していたため、足元をすくわれたのです。

このように、そのビジネスを何十年もやってきた経営幹部ですら、自分の事業のコアコンピタンスを間違え、企業を弱体化させてしまうことがあるのです。ブリタニカ百科事典は極端な事例かもしれませんが、どの企業も「自社の真のコアコンピタンスは何か」と問い直してみることは大切です。真のコアコンピタンスを的確に見極めた後で、同じコンピタンスが転用できるような複数事業化を考える必要があります。

ところで、読者の皆さんがもし当時のブリタニカ百科事典の経営陣であり、百科事典事業が衰退に向かっていて何か新しい事業を始めなくてはならないと考えた場合、どのような新規事業を始めますか。机上演習をしてみましょう。

既存のコアコンピタンスを活かした事業のほうが成功確率が高いとすれば、「世界最強の戸別訪問営業部隊」と「知性・教養に関する圧倒的なブランド・イメージ」という二つのコアコンピタンスが活用できる新規事業は何があるでしょうか。

戸別訪問でこれまでのターゲットは、中流以上の家庭で、教育水準が高くそこその世帯収入があり、子どもの教育にも熱心な親たちです。そうした顧客の心をつかむサービスで、かつ、教育や知的なイメージが使える製品またはサービスで、戸別訪問での販売が向いているものは何があるでしょうか。

たとえば、ブリタニカ英会話学習キットかもしれません。他にも可能性があるでしょうが、いずれにせよ、①自社の真のコアコンピタンスは何か、②そのコアコンピタンスが活かせる他の事業は何か、という考え方をしていくのが、複数事業化の正攻法です。

キヤノン――シナジーが発揮される事業展開なのか

ここからは、コアコンピタンスを正しく設定し、それに沿ってシナジーが働くような複数事業化を行うためのポイントについて、いくつかの事例で考えていくことにしましょう。まずは前章に続いてキヤノンの事例を再び挙げてみたいと思います。

キヤノンはデジタル複合機、プリンタ、カメラなどで世界有数の企業となっていますが、同社の事業展開を見てみると、いくつかの流れがありそうです。

キヤノンはもともとカメラからスタートしました。フィルムを使うアナログカメラから、デジタルカメラへと移行しています。また、静止画だけでなく、ビデオカメラ、八ミリ映写機（その後撤退）にも進出し、その後ビデオカメラはデジタルに移行していまだに健闘中です。それから、カメラに装着する交換レンズや、医療分野でX線撮影機にも事業展開しています。

これとは別の展開として、一九六〇年代に電卓を始めています。カシオも電卓メーカーとして有名ですが、実は世界で初めてテンキー式電卓を作ったのはキヤノンです。卓上電卓、ポケット電卓、オフコン（オフィス・コンピュータ）、パソコン（パーソナル・コンピュータ）へと進出していきますが、その後オフコン、パソコンからは撤退し、現在は電卓のみが残り、カシオと並んで二強となっています。

複写機を手掛け始めたのも一九六〇年代半ばです。複写機は紙に書かれた文字や画像データをスキャンして印刷することから、スキャニング機能に特化したスキャナー、印刷機能に特化したプリンタにも進出しています。インクジェットプリンタだけでなく、レーザープリンタも扱うようになり、現在はどちらも健闘中です。複写機はアナログからデジタルへと移行し、最近では、多機能のMFP（デジタル複合機）になっています。さらに、半導体製造装置の一つであるステッパー（縮小投影型露光装置）にも進出しています。

半導体は非常に小さいウェハーの上に複雑な回路を描いていくのですが、回路の線と線の幅はナノミクロンのレベルである上、線の形状は非常に複雑です。回路が間違って接触すれば、電流が違う方向に流れてしまうので、複雑な回路図を極めてミクロにしかも正確に集積させることが求められるのです。

そこで回路図作成時には、大きなシートに回路図を描いて光を当て、非常に精密なレンズを通して縮小し、ウェハーに当てます。ウェハーの上はレジストという特殊な薬品が塗られているため、光が当たった箇所だけが変質します。そうやって、非常に精密な回路を作っていくのです。

このように正確なレンズで複雑な回路図を縮小して焼き付ける装置がステッパーです。キヤノンは現在、ステッパーで世界三強の一角に食い込んでいます。

もう一つ興味深いのは、平面大型テレビのSEDです。これは、技術的には画期的な製品です。プラズマや液晶の画面にはそれぞれ欠点があり、斜めから見ると見えにくかったり、球技のボールのように速い動きをうまく描画できなかったりするのです。一方、昔ながらのブラウン管の画面にはそうした欠点はありませんでした。

キヤノンが開発したSEDは、ブラウン管と同じ原理で欠点がなく、それでいて液晶やプラズマのように薄いという独自技術を用いたものでした。「これこそが未来の平面大型テレビだ」として鳴り物入りで発表したのですが、二〇一〇年に撤退しています。

コアコンピタンスに合致しているか

このようにキヤノンはさまざまな新規事業を展開してきたのですが、キヤノンのコアコンピタンスやシナジーはいったい何なのでしょうか。理屈では、コアコンピタンスに沿った新規事業は成功確率が高いはずです。逆に言うと、全社戦略を立てるときには、事業群を見て、何をコアコンピタンスとして設定するか、そのコアコンピタンスに沿ってどのような新規事業を始めるかを考えなければなりません。

キヤノンの例で見ると、いくつかの解釈が考えられるでしょう。たとえば、光学技術がコアコンピタンスという解釈。確かにカメラとステッパーでは光学技術を使いますが、プリンタにはレンズは使いません。あるいは画像処理技術がコアコンピタンスという解釈。カメラ、プリンタ、ステッパーを見れば、これは当てはまりそうです。

別の解釈では、微細加工技術がコアコンピタンスとも考えられます。プリンタはご承知のように、DPI（ドット・パー・インチ）と言われ、一インチの中に赤青黄色などの点を細かく打っていきます。これらの点が粗いと、きちんとした絵には見えません。プリンタヘッドには微細加工技術が求められます。

このように複数の解釈が可能です。数学のように正解が一つとは限らないのです。むしろ何をコアコンピタンスとして選ぶかという経営者の意思の問題となってきます。

コアコンピタンスの観点から、キヤノンの複数事業化を見ていくと、明らかに失敗しているのがパソコンとオフコンで、実際に撤退しています。

パソコンとオフコンには、光学技術も画像処理技術も微細加工技術も不要で、パソコンの製造は基本的に組立加工技術（アセンブリ）なのです。秋葉原で部品を買ってきて、家で組み立ててパソコンを自作するパソコン通もいるように、個々の部品は買ってくることができます。

したがって、個々の部品を極めるよりも、最も性能の良いものを外から買ってきて、素早く安価に組み立てて出荷するデルのような組立加工技術にコアコンピタンスがある企業のほうが強いのです。

「真のコアコンピタンスは何か」を厳密に定義する

コアコンピタンスを定義するに当たって注意しなくてはならないのが、「当社のコアコンピタンスはモノづくりが強いことである」といった大まかな解釈をしてしまいがちなことです。これではコアコンピタンスとしてまったく通用しないのです。

もちろんキヤノンもモノづくりは強いのです（有名な「セル生産方式」という画期的なモノづくりの仕組みを世界に先駆けて考案・導入したのはキヤノンです）。ところが、残念ながら、組立加工技術だけに限定して見れば、キヤノンよりも優れた企業は存在します。そのような企業が組立加工技術をさらに強くすることに特化させパソコンの組み立てに専念して挑んでくるとなれば、キヤノンといえども互角には戦えなかったのです。

したがって、「モノづくりが強い」という漠然としたものではなく、「組立加工技術が得意である」「微細加工技術に優れている」というように、もう一段階細かなレベルで自社の真のコアコンピタンスを考える必要があります。

脱線しますが、興味深い点として、キヤノンのコアコンピタンスである光学技術・画像処理技術・微細加工技術とは縁がないにもかかわらず、キヤノンの電卓事業は二強のうちの一社として生き残ってきました。コアコンピタンスから外れると失敗しやすいという見方に立つと、これは例外に当たります。

電卓に求められるのは基本的に組立加工技術なので、パソコンと同じようにキヤノンが既に撤退していたとしてもおかしくないのです。ところが、たまたま世界初で商品化に成功したため、先行者利益によって生き残れたという例外です。

経理部の人はよく電卓を叩きながら、素早く財務諸表などの数字を分析します。財務諸表だけを見て、電卓の盤面を見ないでキーを正確に叩く「ブラインド・タッチ」は、経理部員としての基本動作です。日本で流通している電卓はカシオ式とキヤノン式の二タイプあり、キーの並び方が微妙に違います。たまたま入社した会社でキヤノン式の電卓を使っていて、そのキーの並び方に指が慣れてしまうと、カシオ式の電卓に簡単にはスイッチできません。

このようにスイッチしにくい特性があり（経営学用語でいうとスイッチング・コストが高いのです）、カシオにかなり肉薄はされたものの、例外的に二強として生き残ることができたのです。

コアコンピタンスに基づいても失敗することがある

逆に、コアコンピタンスに沿って始めた新規事業であったにもかかわらず、例外的に失敗した事業が前述のSEDです。大画面でもきれいに見えるのは、一つひとつの細かい点をきちんと作り込めるからで、ここには、光学技術、画像処理技術、精密加工技術が用いられています。すなわち、キヤノンの強みとぴったりと合致しているのです。

性能的にはSEDは液晶やプラズマよりも優れているので、発表時には大いに期待されましたが、結局発売されないまま終わってしまいました。その敗因の一つは、純粋に参入が遅すぎたことでしょう。

ボストン コンサルティング グループが提唱した概念に「累積経験効果」というものがあります。累積生産量が増えるにつれ、単位当たり総コストが下がっていくという法則です。

SEDが発表された時点で、プラズマテレビや液晶テレビは既に世界中で累積何百万台も製造されていました。累積で製造経験を積むことで歩留まりが改善され、既に製造コストが大きく下がっていたのです。一方、SEDはゼロから経験を積まなくてはならないので、圧倒的に高い製造コストからスタートしなければならなかったのです。したがって最終消費者価格は、プラズマテレビや液晶テレビよりもはるかに高くなります。

それでも消費者に買ってもらうためには、その価格差を許容できるほど一目でわかるような優れた性能が要求されます。SEDは確かに強みはあったのですが、液晶・プラズマテレビの技術向上と価格下落がハイスピードで進み、一般の人に余計にお金を払ってもいいと思ってもらえるほどの魅力はなくなってしまいました。コストを下げるには何百万台も作って経験を蓄積しないといけないのですが、そのためには買ってくれる大量の顧客が必要です。しかし、買ってもらうためには、価格差がありすぎるというジレンマに陥ったのです。

ここからわかるのは、コアコンピタンスに合致すれば成功し、外れれば失敗するという単純な話ではないということです。コアコンピタンスに合致したほうが成功確率が高く、外れていると失敗する確率が高くなるというのは、あくまでも確率論の話なので、しっかりと見極めていくこと、そして何よりも実行時の徹底度、スピードが大切だということでしょう。

オリンパス——類似の技術でも複数事業化の方向性は異なる

キヤノンと同様、光学技術というコアコンピタンスでスタートしたオリンパスは異なる道を歩みました。もともと顕微鏡からスタートしていますが、キヤノンと同様にカメラ（アナログ）に進出しています。その後、カメラ事業はアナログからデジタルに転換して存続しています。ビデオカメラにも進出しましたが、その後、撤退。顕微鏡から発展した内視鏡、工業用顕微鏡、半導体用顕微鏡などは、いずれも健闘しています。

レーザーでディスクを読むレーザー光学式ピックアップという装置は、レーザーディスクの衰退に伴って撤退。新聞記者がインタビューの録音で使うＩＣレコーダーにも進出し、これは現在ナンバーワンとなっています。プリンタにも二〇〇〇年代に後発参入していますが、その後撤退しています。

なお、オリンパスは内視鏡で世界シェア六〜七割を誇る強豪です。内視鏡は医療機器ということもあって、非常に収益性が高いのです。医療機器の場合、厚生労働省やＦＤＡ（米国食品医薬品局）など各国のヘルスケア機関の複雑な承認手続きを経て認可を取る必要があるため参入障壁が高く、世界でも少数のメーカーが市場を寡占しています。また、人命にかかわるのでコストよりも品質が重視されます。顧客は事故が起こることを嫌い、安全で高品質なものに対して高い値段を払っても構わないと考える傾向があります。さらに、使い方のトレーニングなど付加価値サービスでも利益をとれるので、同じ光学技術の中でも一般消費財よりも利益率が高い分野です。

同じ光学技術というコアコンピタンスからスタートしたメーカーでも、キヤノンは内視鏡に出ておらず、オリンパスは複写機に出なかったわけです。どの方向に複数事業化するかは、経営者の戦略的意思決定にかかっていて、答えは一つというわけではないのです。

ボストン・サイエンティフィック――コアコンピタンスは転換できる

ボストン・サイエンティフィックは世界有数の医療機器メーカーで、細いチューブ状の医療器具であるカテーテルでトップシェアを誇っています。人間の身体の中に挿入しても折れずに周囲の組織も傷つけないなどの高度な技術が、コアコンピタンスです。その技術を使って内視鏡など他の医療器具にも進出しています。しかし、同社のコアコンピタンスの置き方は非常にユニークです。

当初はカテーテルの技術そのものをコアコンピタンスと捉えていたのですが、その後、バリューチェーンの川下の顧客サイドへ重点を移行し、病院とのリレーションや顧客ベースを強みとして事業展開するようになったのです。

実は、医療機器はかなり分散市場であり、ある技術で人工関節を作ろう、別の技術で新しい電気メスを作ろうというように、アイデアを持ちフットワークの軽いベンチャー企業が山ほど存在します。その一方で、ベンチャー企業には医療機関や医師、検査技師、看護師とのコネがなく、どれほど素晴らしい製品でもなかなか採用してもらえないという悩みがあります。

そこでボストン・サイエンティフィックが選んだのは、あえて戦うよりも棲み分けをする道でした。医療機器のイノベーションはベンチャー企業に任せます。もともとイノベーションの成功確率は低く、大半は失敗に終わります。ボストン・サイエンティフィックはその状況を見極めて、筋の良いベンチャーと提携するか、買収すればよいのです。

その後で、自分たちが熟知する医師や看護師のニーズに合わせて、ベンチャーが開発したアイデアを磨き上げて製品化し、既に築き上げている医療機関とのリレーションを活用して売りに行くほうが圧倒的に得策だと考えたのです。

ボストン・サイエンティフィックは、これまで大病院の中で、カテーテルを使った難しい心臓手術などを行う特定部門の医師や看護師との信頼関係を築き上げてきました。ボストン・サイエンティフィックの製品なら大丈夫だ、技術面だけでなく使い方のトレーニングもしてくれる、という信頼を既に勝ち取っています。各国のヘルスケア当局に承認をきちんと取るノウハウも持っています。

このようなコアコンピタンスをうまく使えば、各国のヘルスケア当局の承認を得て、新製品を病院に採用してもらう際のハードルを大きく下げることが可能です。これは、提携するベンチャー企業にとっても大きな魅力となります。

ボストン・サイエンティフィックの事例から学べるのは、コアコンピタンスには複数の解釈があり、進化させて変えていくことも可能だということです。カテーテルの技術という強みから、病院の顧客ベースを強みにする方向へとコアコンピタンスを変えたことで、同社は成功しているのです。

コアコンピタンスは外から買うのか、内部で育成するのか

当たり前のことですが、企業が競争市場で戦っている以上、コアコンピタンスは競合他社に対する相対的な強みでなければ意味がありません。すなわち、他社にはできない強み、他社が外から容易に調達できない強みが理想的です。

その意味では、コアコンピタンスを外から買ってくる場合には注意が必要です。なぜならば、自社がお金で外から調達できるような強みは、多くの場合、競合他社も同様に外から調達できるからです。

自社も競合他社も同じような強みを外から調達すれば、結局ドングリの背比べになってしまい、強みを買ったつもりが強みでなくなってしまいます（もちろん、その強みを手に入れないと競争に負けてしまう場合は「少なくとも負けない」ための意味がありますが、勝てるわけではありません）。

外部調達のほうが時間を節約できるのは事実ですが、①前述のように競合他社も同じ強みを容易に外部調達できること、②誰もが欲しがる強みであれば調達金額が高騰して結局調達

コストを回収できずに終わる可能性があること、に留意する必要があります。

前述のボストン・サイエンティフィックの例を再び見てみましょう。確かにベンチャー企業から技術的な「強み」を買っているのですが、これはお金さえ出せば競合他社も買うことができるので、本質的な強み（コアコンピタンス）にはなり得ません。

ボストン・サイエンティフィックのコアコンピタンスは技術ではなく、顧客リレーションです。他社には追随できない顧客リレーションというコアコンピタンスがあるからこそ、買ってきた技術が活きるのです。

すなわち、コアコンピタンスを外部調達する場合、調達前から持っている「自社ならでは」の既存コアコンピタンスは何か、既存コアコンピタンスと外部調達コアコンピタンスを組みわせて1＋1を2以上にする「シナジー」を生み出せるかどうか、がポイントとなります。

一方、内部育成は、うまくいけば競合他社には真似できないコアコンピタンスを構築できる可能性がある、という利点があります。一方、確立したコアコンピタンスを外から買ってくる場合に比べて、コアコンピタンスとして成功するかどうかが未知であること、仮に成功するとしても何年（場合によっては何十年）も時間がかかるという欠点があります。

たとえば、炭素繊維は今や日本企業が優位に立っていますが、開発に一〇年もかかっています。開発を始めた当初、炭素繊維が金属や石よりもはるかに軽く、金属や石よりも強く、しかも高熱でも強度が劣化しないという利点があるのは論理的にはわかっていたのですが、実際に誰がどのような使い方をするのかはまったく見えていませんでした。

今でこそ炭素繊維は飛行機や自動車などに応用分野が見つかり、事業として花開いていますが、開発当初は「何か使い道があるに違いない」という半分願望に近い見切り発車でした。そのようなものに何年も時間・費用・人材を投入するのは、大きな賭けです。

逆に言えば、一〇年かけないと構築できないコアコンピタンスは、競合他社が追いついてくるのに一〇年かかるので、いったん構築に成功すれば長期にわたって競合優位性を維持できます。

コアコンピタンスの内部育成、外部調達にはそれぞれメリット、デメリットがあり、慎重に戦略を立てなければなりません。ただし、外部調達を考える場合も、既存の内部育成コアコンピタンスと、調達する外部からのコアコンピタンスとのシナジーが鍵なので、まずは既存の自社のコアコンピタンスを見極めるところからスタートする必要があります。いずれにせよ、全社戦略、すなわち複数事業のマネジメントにおいては「シナジー」が鍵なのです。

トヨタはなぜ複数事業化が苦手なのか

トヨタ自動車（以下「トヨタ」）はエクセレント・カンパニーと言われていますが、複数事業化に関して言えばそれほどエクセレントには見えません。唯一の大きな成功は、創業者の豊田佐吉が創業の自動織機事業から自動車事業へと展開したことでしょう。その他に金融（自動車保険）や住宅などを手掛けているのですが、いずれも自動車に代わる第二、第三の柱と言えるほどの事業には育っていません。

エクセレント・カンパニーと言われている以上、強み（コアコンピタンス）があるはずなので、その強みが活きる他の事業に進出して成功していてもおかしくないはずです。それなのに、なぜあまり複数事業化が得意ではないのでしょうか。そもそもの問いとして、トヨタの真のコアコンピタンスとは何なのだろうか、という疑問が湧いてきます。

トヨタのコアコンピタンスとしてよく挙げられるのが、トヨタ生産方式という「モノづくり」の強みです。「モノづくり」が強いのであれば、他の製品のモノづくりに進出して成功していてもおかしくないはずです。しかし、キヤノンの事例でも触れたように、単にモノづくりがうまいという定義の仕方では、おおまかすぎるのです。精密加工、組立加工というように、さらに具体的なレベルで真の強みを理解することが大切です。

これは私見ですが、トヨタのモノづくりの強みは非常に特殊です。まず、部品点数が極端に多い製品のアセンブリという特徴があります。自動車一台には何万点という部品が用いられています。タイヤ、ウインドウ、ダッシュボード、シートなどの何万点もの部品は、エンジンのようなコア部品を除いて、ほとんどがティア1、ティア2、ティア3という一次、二次、三次サプライヤーによって作られています。サプライヤーの数は、数百社にもなります。

さらに、必要なものを、必要な時に、必要な量だけ作るという「ジャストインタイム」はトヨタのコアコンピタンスの一つですが、これはトヨタ一社が単独で行っても機能しません。サプライチェーンの全体にわたってジャストインタイムができていなければ、在庫の削減などの本来の成果は上がらないのです。

サプライヤーから見れば、定期的に一定数の部品を作って納品するほうが、生産管理上ははるかに簡単です。トヨタの場合、今日は四〇個、明日は八〇個というように、柔軟な納品が要求されるので、それに応えるのはかなり難しいのです。

ジャストインタイムに代表されるようなトヨタ生産方式を徹底的にサプライヤーに教え込

み、サプライチェーン上の多数の企業に実行してもらい、かつ、着実に実施されているかどうかをモニターすることができて、初めて機能するのです。数百社にも上るサプライヤーを一糸乱れぬようマネージできるのが、トヨタのコアコンピタンスです。

さらに、自動車という製品は、品質の要求水準が極めて高いのです。パソコンがたまにフリーズしてもユーザーはそれほど目くじらを立てないかもしれません。しかし、車の運転中に急にハンドルやブレーキが利かなくなれば、死亡事故が起こりかねないのです。したがって、非常に高いレベルの品質が要求されます。

おまけに、使用期間が非常に長いのです。自動車メーカーが売った車が中古市場に流れて、二〇年後に極寒のシベリアや灼熱の中東の砂漠を走っている可能性もあるのです。シベリアの屋外ではマイナス数十度になることも、灼熱の砂漠の屋外では数十度になることもあります。製造から二〇～三〇年経った後でも、マイナス数十度から数十度に至る多様な気温や環境の中で、故障せずに走る耐久性が求められるのです。

しかも生産台数が桁違いです。たとえばトヨタのカローラは年間一〇〇万台規模で作られています。もちろんカローラは例外的に生産台数が多い車種ですが、他の車種でも数万～数十万台の生産は当たり前です。

応用できない圧倒的強み

このように、①部品点数が桁違いに多く、②多数のサプライヤーをマネージし、③しかも高度な品質と耐久性が要求され、④さらに生産台数も桁違いに多い、という非常に特殊な条件で最大のパフォーマンスを達成できるように自らのコアコンピタンスを特化したのが、トヨタです。特に数百社のサプライヤーを一糸乱れぬようマネージする能力においてトヨタの右に出るメーカーは滅多にいないでしょう。ところが、このコアコンピタンスを活用できる業界は、自動車業界以外にほとんど存在しないのです。

部品点数の多さでいえば、たとえばタンカーのような大型船舶も似たようなものですが、自動車のように同じものを何十万台も生産するわけではありません。タンカーは基本的には一隻一隻、違うものを作ります。したがって大量生産に強いというコアコンピタンスを活かすことができません。

逆に何十万台も生産するという点では、たとえば携帯電話端末がありますが、こちらは自動車に比べて部品点数が圧倒的に少ないのです。しかも、耐用年数では自動車のように二〇年以上使うわけでもなく、品質上も時々フリーズしても消費者はさほど怒りません。

また、自動車と同じくかなり高度な品質と耐久性が要求される製品として、たとえば人工衛星が挙げられるでしょう。人工衛星は打ち上げ後、何十年もメンテなしで壊れずに機能しなければならないのです。ところが、自動車はライン生産で年間何十万台も大量生産するのに対し、人工衛星は一基を何年もかけて丁寧に作り込んでいくのです。

このように、先の四つの条件を同時に満たす製造業は他に見当たらないのです。つまり、トヨタはこの四つに関して圧倒的な強みを持っているのですが、残念ながら、それを応用できる他の産業がないのです。

非常に特殊な産業で、非常に特殊な強みを磨き上げてエクセレント・カンパニーになった企業だからこそ他に応用先がないというのは、何とも皮肉なことです。

もちろん、自動車産業は巨大で魅力的な産業なので、これまではあえて他の事業を真剣に開拓するような差し迫った必要性がなかったのでしょう。しかしながら、自動車業界はCASE（Connected：すべてがネットでつながる、Autonomous：自動運転、Shared & Service：カーシェアリングおよびサービス、Electric：電動）と呼ばれる構造的大変化の波に飲まれつつあり、今までトヨタが磨き上げてきたコアコンピタンスだけでは勝ち残れない時代がきます。それどころか、今までとまったく違った能力がないと生き残れない可能性すらあります。

その意味では、トヨタの経営陣は現在、自社が一〇年後、二〇年後も生き残っていくには何をすべきなのか、磨き上げたコアコンピタンスをいったん忘れて新たなコアコンピタンスをいかに構築するのか、という大変深刻なチャレンジに直面しています。実際、本書の執筆時点でトヨタはソフトバンクとの提携を始めるなど、かなり大胆な自己改革に着手しています。

GEはどこでシナジーを効かせているか——二つの人材開発

GEの手掛けている事業は、白熱電球、飛行機エンジン、蒸気タービン、医療機器など、あまりにも違いが大きいため、一見シナジーを効かせることができそうな共通項など見当たりません。製品もあまりにも違うので生産シナジーが効きにくいでしょう。あるいは売り先もまったく違うので営業シナジーも効かないはずです。コアコンピタンスに基づいてシナジーを効かせない限り、複数事業化はやるべきではないというセオリーに当てはまらないのです。

それにもかかわらず、GEはエクセレント・カンパニーと呼ばれていました。これはいったい、どういうことなのでしょうか。GEほどあまりにも異なる多様な事業を抱えている企業では、シナジー論は通用しないのでしょうか。

普通の企業であれば、ここまで事業がバラバラだと、シナジーは効かないものとして、あきらめるかもしれません。しかし、GEの面白いところは、それでもどこかでシナジーが効かせられるはずだとしつこく追求していったことです。その結果GEが到達した答えは、二つの人材開発です。

一つ目はトップ人材の開発です。電球を作ろうと、タービンを作ろうと、各事業のトップに必要な能力はほぼ同じはずだとGEは考えたのです。たとえば、情報が完全に揃っていない状況下でも意思決定をする、人心を掌握して組織を動かす、ビジョンを掲げて方向性を見せる、不確実性の中で環境を正しく読む、などの能力は、どんな事業であろうと共通してトップに求められる能力である、という前提です。

ちなみに、世の中にビジネススクール（経営大学院）が存在するのも、同じような前提があるからでしょう。ビジネススクールを卒業後、学生たちはそれぞれまったく異なる事業に携わることになるわけです。それでも一緒に机を並べて同じ教育を受けるのは、事業の種類にかかわらず、経営者として必要な能力は共通であるので、ビジネススクールで学んだことが卒業後に役に立つと考えているからです。

GEはそこにシナジーを見出したため、多様な事業のトップを共通に育成すべく、アメリカのクロトンビルに社内育成研修所を作りました。世界中のGEの社員の素質を正しく見定めて、この社員は将来経営幹部になる見込みがあると認めれば、特別な人事トラックに乗せて、クロトンビルで特別な研修を受けさせるのです。あるいは、その人をあえて異なる事業や国に異動させて、必要な経験を積ませます。

GEのようにそれぞれの事業の特性がまったく異なっている場合、トップの経営能力というあまりにも薄い機能に共通シナジーを効かせようとする以上、中途半端なやり方では効果は出ません。このため、GEではトップ人材育成への時間のかけ方が半端ではありません。CEOや上位経営陣二〇～三〇人の総労働時間の二割はクロトンビルに費やしていると言われています。

トップの経営能力をコアコンピタンスにするためには、徹底的に資源を投入して磨かなくてはならないと考えているからです。

二つ目は、最前線の現場にいる社員の能力開発です。まったく事業が違っていても、きちんと計画を立てる、品質にこだわる、問題点を早期に発見して原因を解明して手を打つ、などの「現場力」は共通であるはずだ、というのがGEの考えです。

GEにおいては、シックスシグマに見られるように、どれほど事業が違っていても共通して現場で使える能力を共通コンセプト化し、それをお題目ではなく、徹底的に教育し、実際に活用して、すべての現場で成果を出させるために膨大な時間、費用、人材を投入しています。

これも極めて薄いシナジーであり、普通の企業であればあきらめてしまうところです。GEはそのような一見薄いシナジーに大真面目に取り組んで、成果を出しているのです。

GEの事例からのもう一つの示唆は、経営者の意思で能動的にシナジーを創り出すことも可能であるということです。シナジーを効かせるための共通のコアコンピタンスは、一面では客観的な分析から見出せることもあります。しかしながら、もう一面では、何を全社共通のコアコンピタンスと定めて、資源を投入して実際のそのコアコンピタンスを育て上げるのかは、ある程度経営者の意思で決めるものなのでしょう。

コアコンピタンスは自らの意思で創り上げるもの

企業の経営者と議論してよく耳にするのは、「我が社にはこんなコアコンピタンスがあるものの、なかなか転用できる先がないから複数事業化できない」「我が社がコアコンピタンスを持っている本業はゆっくり衰退し、市場も縮小しているので、未来の絵が描けない」といった悲観論です。

一方で、この章で見てきたように、真剣に自社のコアコンピタンスを設定し育成し、そのコアコンピタンスをベースに複数事業化することによって、たとえ本業が衰退しても持続的成長を達成している企業も多数存在します。

また、GEのように、一見まったくシナジーがないように見える場合でも、共通コアコンピタンスは経営者の意思で構築することも可能です。どれだけ真剣にかすかな道を探したか、あきらめずにやり続けたかが差となって現れてくるのではないでしょうか。

また、これまで見てきたように、いったん自社のコアコンピタンスの構築に成功したとしても、五年後、一〇年後にはまったく役に立たなくなっている可能性もあります。特に近年は変化のスピードが速くなっているので、コアコンピタンスが見つかった、コアコンピタンスを構築し終わった、と安心して思考停止してしまうのは危険です。

我々のコアコンピタンスは何か、顧客はそのコアコンピタンスをあと何年評価してくれるのか、競合はそのコアコンピタンスにあと何年で追いついてくるのか、常にモニターし続ける努力が必要です。

第4章

全社ビジョン

全社ビジョンは必要なのか

この章では全社ビジョンを取り上げたいと思います。ある企業が異なる複数の事業を営んでいる場合、複数事業間で共通する全社ビジョンは果たして必要なのでしょうか。必要だとすれば、どのようなビジョンが良いのでしょうか。どのように運営すれば、うまく機能するのでしょうか。

複数事業を営む企業において、各事業が個別最適で取り組んだ結果、進む方向がバラバラになって、全社のパフォーマンスを引き下げる要因になる、という考え方があり得ます（図表4－1。第1章図表1－7の再掲）。

その一方で、「事業によって最適なビジョンは異なるため、本社が無理に統一ビジョンを押し付けるとかえって個々の事業のパフォーマンスが下がる。したがって全社ビジョンは不要であり、個別最適を足し合わせれば全体最適になる」という考え方もあります。

これはどちらかが正解というわけではなく、事業環境、コーポレートの戦略によって十社十色の解があり得ます。もしも前者の考え方、すなわち「全社統一の価値観や考え方の下で

図表4-1　全社ビジョンの作成と徹底（再掲）

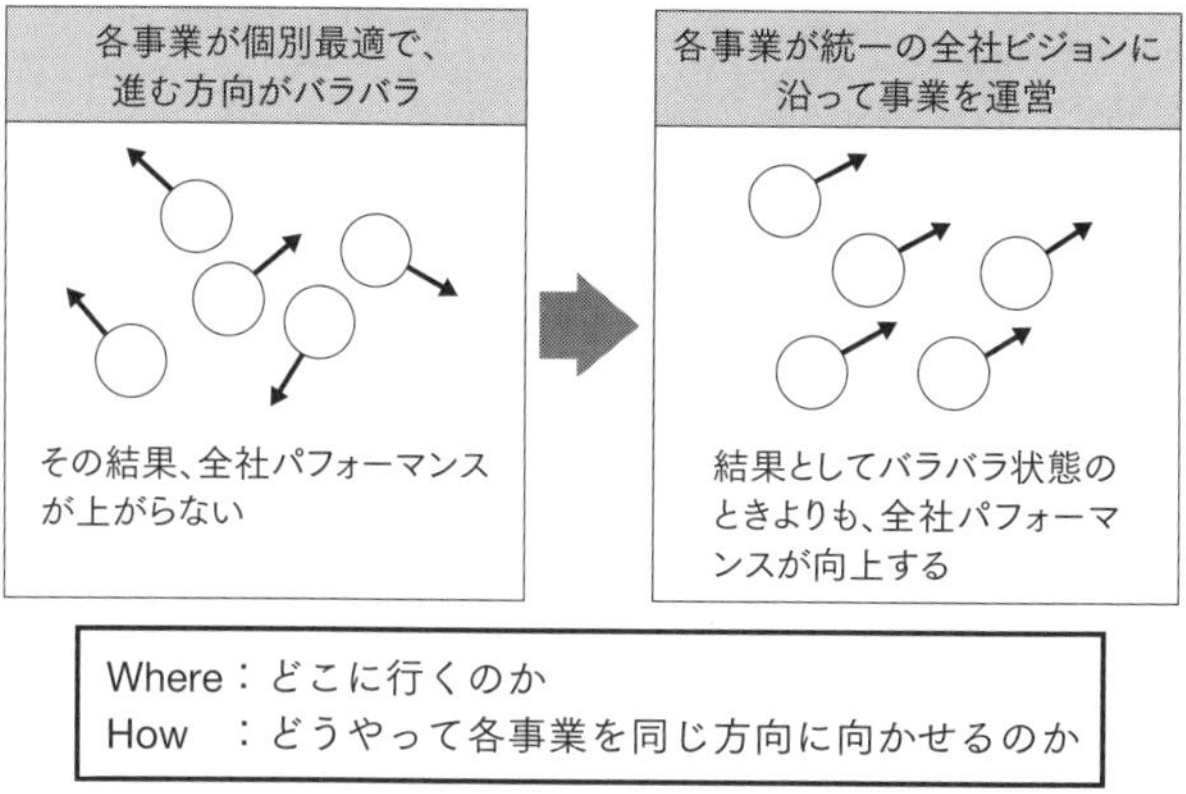

各事業を運営したほうが全体のパフォーマンスが向上する」と信じるのであれば、全社ビジョンを作り、各事業部に浸透させ、実行するようマネージするのが、経営者や本社の仕事です。この章では、全社ビジョンが必要であるという考えに立った場合を想定して、考えていきましょう。

もう一つこの章で取り上げたいのは「全社事業ドメイン」です。たとえ個々の異なる事業を営んでいても、一つの企業としてどの事業もある一定の事業ドメイン（事業領域）の範囲内で行うべきである、と信じるのであれば、事業ドメインを設定すること、そして個々の事業がその事業ドメインから逸脱しないようにマネージすることも、経営者や本社の仕事になります（図表4－2。第1章図表1－6の再掲）。

図表 4-2　全社事業ドメインの設定とマネジメント（再掲）

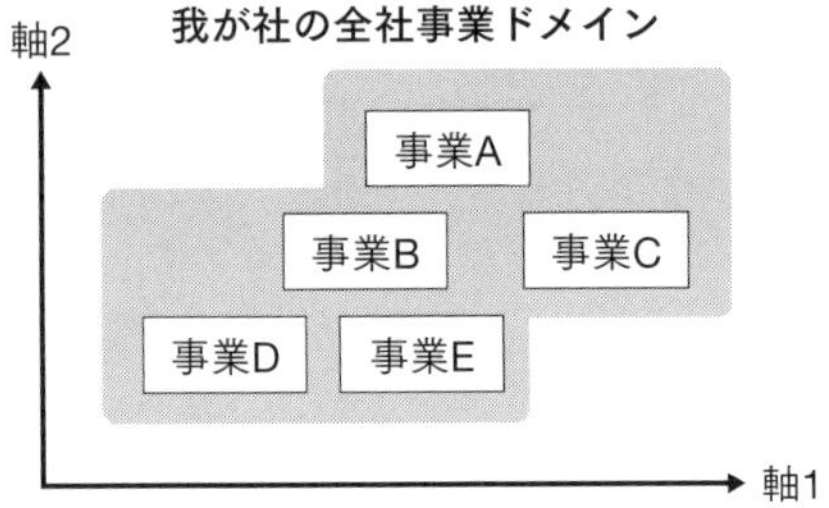

Where：自社の立ち位置はどこに定めるのか
↓
How　：どうやって各事業をマネージして「ドメイン」に意味を持たせるのか

この章で「全社ビジョン」と「全社事業ドメイン」を一緒に取り上げるのは、両者が切っても切れない関係にあるからです。

全社事業ドメインを考える際には、二つの要素を考慮する必要があります。一つが全社ビジョンです。ビジョンにフィットする事業のみをやるべきだという前提に立つのであれば、ビジョンが事業ドメインを規定することになるからです。

もう一つは、第3章で取り上げた「コアコンピタンス、シナジー」です。異なる事業であっても共通のコアコンピタンスを持って事業間のシナジーが効くように全社事業ドメインを設定するべきであるという前提です。

図表 4-3　ビジョンの構成要素（一般形）

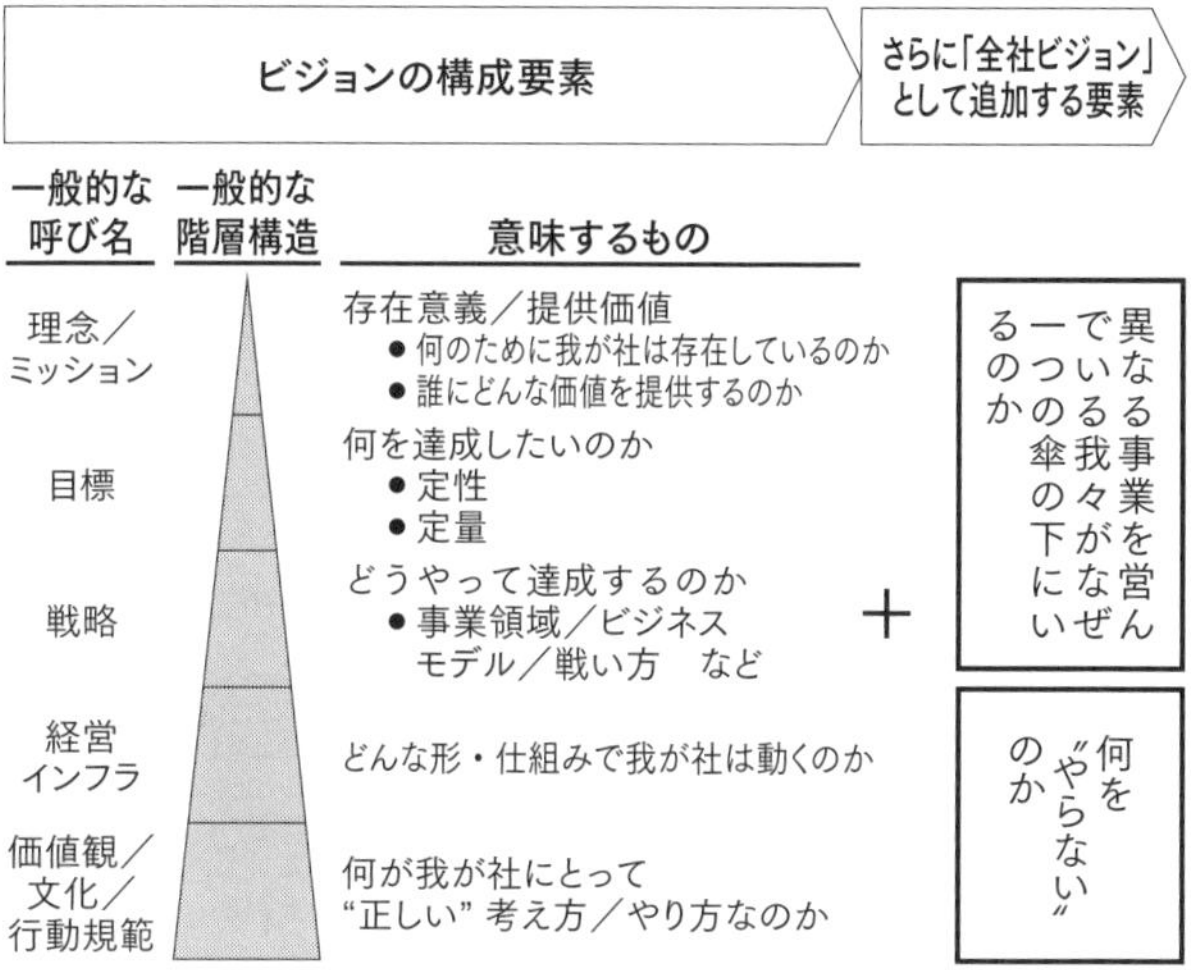
ビジョンの構成要素
さらに「全社ビジョン」として追加する要素
一般的な呼び名
一般的な階層構造
意味するもの
理念／ミッション
存在意義／提供価値
● 何のために我が社は存在しているのか
● 誰にどんな価値を提供するのか
目標
何を達成したいのか
● 定性
● 定量
戦略
どうやって達成するのか
● 事業領域／ビジネスモデル／戦い方　など
経営インフラ
どんな形・仕組みで我が社は動くのか
価値観／文化／行動規範
何が我が社にとって“正しい”考え方／やり方なのか
＋
異なる事業を営んでいる我々がなぜ一つの傘の下にいるのか
何を“やらない”のか

ビジョンとは何か

ビジョンとは何か、という定義論があります。また、ビジョンの構成要素は何かという議論もあります。これは本当に各社各様ですが、多くの場合、図表4－3で挙げたような要素がビジョンに含まれることが多いのです。そして、このような要素を組み合わせた企業としての「あり方」の総称をビジョンと呼ぶことが多いのです。図表4－3で挙げたすべての要素を含んでいる必要はなく、これも各社各様です。

また、用語も「ビジョン」「ミッショ

ン」「バリュー」「価値」「理念」「信条」「モットー」「WAY（我が社のやり方という意味で使うことが多いです）」など各社バラバラで、かつそれぞれの用語が意味するものもバラバラです。

ここでは定義のための定義論に陥っても不毛だと思いますので、図表4－3に挙げたような要素を使って企業としての「あり方」を示したものをビジョンと呼ぶことにしましょう。個別事業のビジョンでも同じような構成要素になりますが、全社ビジョンの場合はさらに「異なる事業を営んでいる我々がなぜ一つの傘の下にいるのか」、そして「何をやらないのか」を明確にステークホルダー（自社、顧客、投資家、社会一般）に伝える要素が必要です。

良いビジョンと悪いビジョンは何が違うのか

ビジョンには良いビジョンと悪いビジョンがあります。企業である以上、成果を上げる必要があるのは当然で、成果を上げるために役立つビジョンが良いビジョンと言えるでしょう。

図表4-4　良いビジョン、悪いビジョン

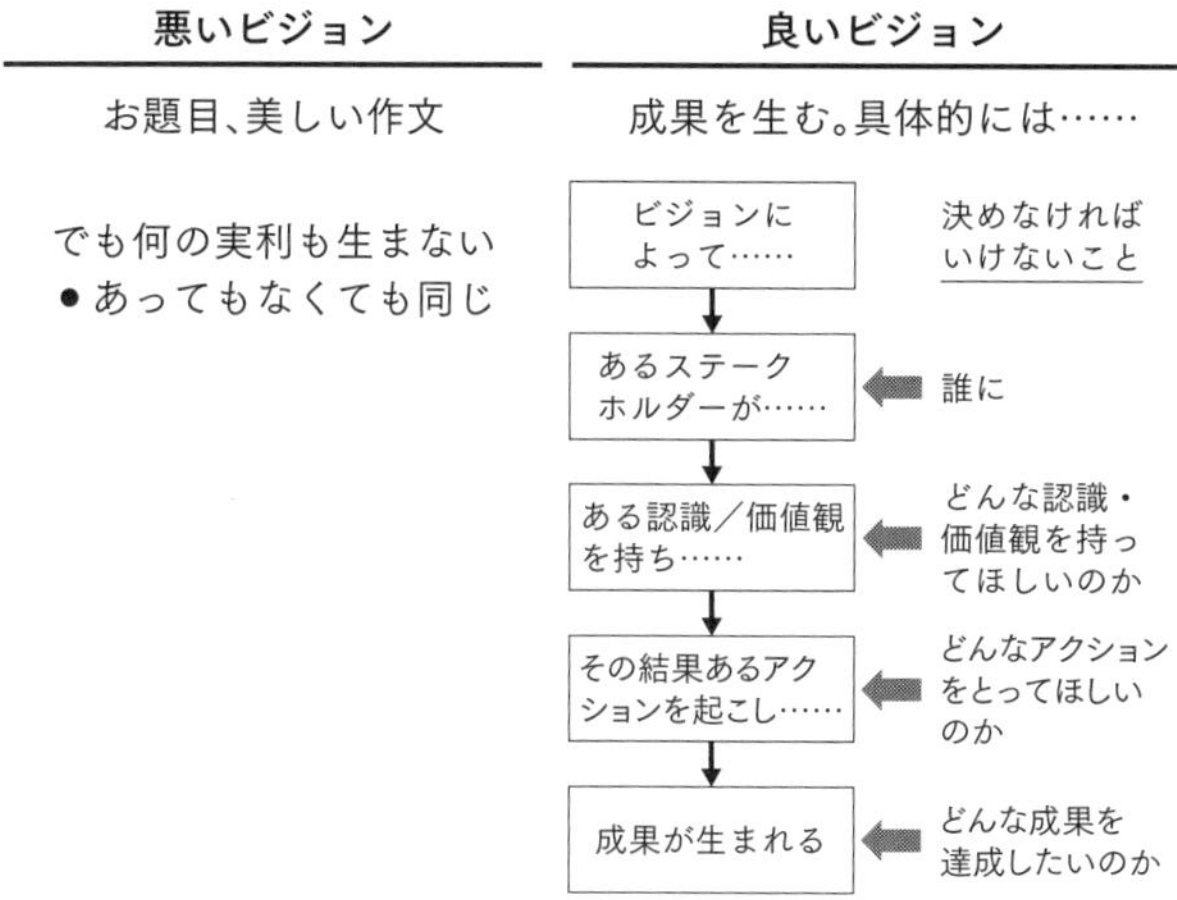

それでは、ビジョンを使って成果を上げるとはどのような場合でしょうか。具体的には、そのビジョンを聞いたステークホルダーがある一定の認識や価値観を持つようになり、そのビジョンを知る前と後ではステークホルダーの行動が変化し、その変化した行動の結果、企業が目指している成果（たとえば売上や利益）が達成できる場合です（図表4－4）。

たとえば、我が社はどのような価値を提供するために存在し、そのために何をどう達成するかを示したビジョンがあるとしましょう。そのビジョンに説得力があり、そのビジョンを聞いた事業部長やその部下が心底納得すれば、「これは望ましい行動だからどんどんやろう」「これはふさわしくない行動だからやめよう」などと判断して行動するようになります。

このように、そのビジョンが存在するからステークホルダーが望ましい行動をとり、それが売上や利益などの企業が目標とする成果につながる場合は、実利につながる良いビジョンと呼べるでしょう。

逆に言うと、単に壁に掲げてある美辞麗句のお題目で、そのビジョンがあってもなくても行動に差が出ないようなビジョンは「悪いビジョン」と呼べるでしょう。

要するにステークホルダーの行動が何ら変わらないようでは当然ながら企業としての成果も変わらないため、時間とお金をかけてビジョンを作っても意味がないのです。

とはいえ、ステークホルダーには、従業員、顧客、株主、関連業者、あるいは社会全般など、いろいろな立場の人がいます（図表4－5）。多くの場合、ビジョンは公表されてすべてのステークホルダーが読むことになるのですが、このうち誰をメインターゲットにするのかを明確に決める必要があります。

たとえば、従業員向けであれば、従業員に望ましい行動をとってもらうためのビジョンを作る必要があります。顧客向けなら、こうしたビジョンを持った企業の製品であれば買おう

図表4-5　ビジョンのメインターゲット・ステークホルダーを決める

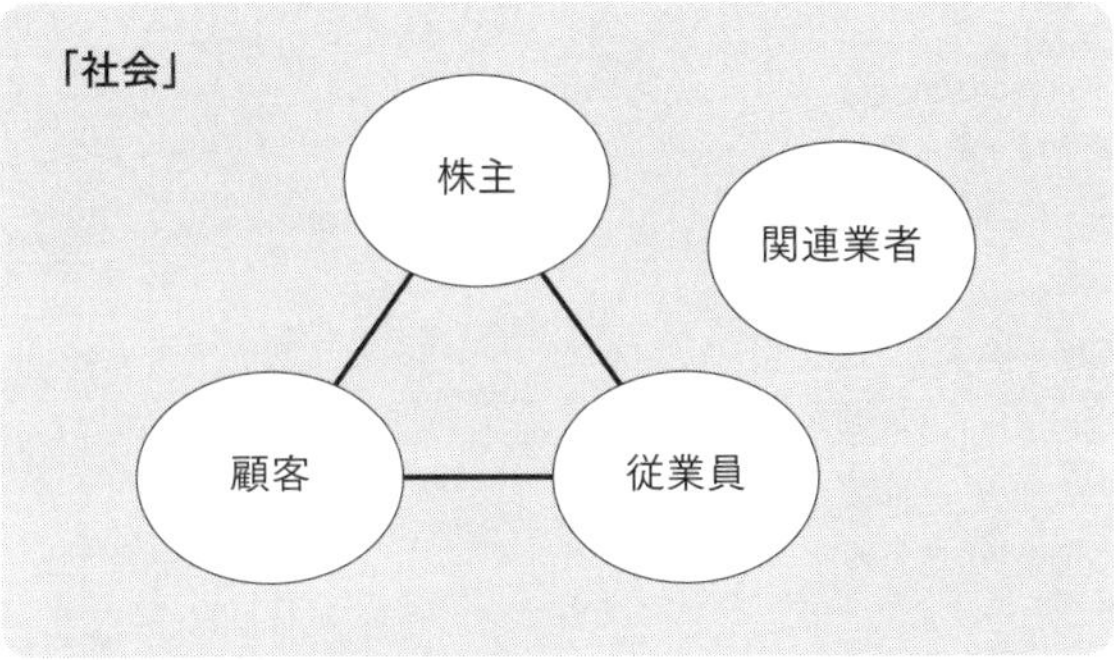

と思ってもらうことを目指します。株主向けには、単なる売買目的ではなく、その企業のビジョンに賛同するから株式を買って支持してもらうことを、関連業者向けには、そういうビジョンを持った企業となら取引したいと思ってもらうことを目指します。

もっと広い社会全般をステークホルダーとみなして呼びかけるようなビジョンも考えられます。その企業が目指していることが社会に広く認識されたほうが企業としての成果が出やすいと信じる場合は、社会をターゲットにしたビジョンもあり得ます。

たとえばスターバックスは、取り扱うコーヒー豆が生産国の農村で小さな子どもの強制労働によって生産されたものだとして、非難を受けたことがありました。これはスターバックスのビジョンからすれば、あってはならないことです。

図表 4-6　スターバックスのビジョン

OUR STARBUCKS MISSION

To inspire and nurture the human spirit —
One person, one cup, and one neighborhood at a time.

人々の心を豊かで活力あるものにするために―
ひとりのお客様、一杯のコーヒー、そしてひとつのコミュニティから

ここに書かれた原則を、ぜひ毎日に活かしてください。

Our Coffee
私たちは常に最高級の品質を求めています。
最高のコーヒー豆を倫理的に仕入れ、
心をこめて焙煎し、
そしてコーヒー生産者の生活をより良いものにすることに
情熱を傾けています。
これらすべてにこだわりをもち、追求には終わりがありません。

Our Partners
情熱をもって仕事をする仲間を私たちは「パートナー」と呼んでいます。
多様性を受け入れることで、一人ひとりが輝き、働きやすい環境を創り出します。
常にお互いに尊敬と威厳をもって接します。
そして、この基準を守っていくことを約束します。

Our Customers
心から接すれば、ほんの一瞬であってもお客様とつながり、
笑顔を交わし、感動経験をもたらすことができます。
完璧なコーヒーの提供はもちろん、
それ以上に人と人とのつながりを大切にします。

Our Stores
自分の居場所のように感じてもらえれば、
そこはお客様にとって、くつろぎの空間になります。
ゆったりと、時にはスピーディーに、
思い思いの時間を楽しんでもらいましょう。
人とのふれあいを通じて。

Our Neighborhood
常に歓迎されるスターバックスであるために、
すべての店舗がコミュニティの一員として責任を果たさなければなりません。
そのために、パートナー、お客様、そしてコミュニティがひとつになれるよう
日々貢献していきます。

私たちの責任と可能性はこれまでにもまして大きくなっています。
私たちに期待されていることは、これらすべてをリードしていくことです。

Our Shareholders
これらすべての事柄を実現することにより、共に成功を分かち合えるはずです。
私たちは一つひとつを正しく行い、
スターバックスとともに歩むすべての人々の繁栄を目指していきます。

これからも、いつまでも。

［出所］ スターバックスコーヒージャパン ホームページ

スターバックスの「OUR STARBUCKS MISSION」には明確に「コーヒー豆を倫理的に仕入れ」「コーヒー生産者の生活をより良いものにする」とうたわれています（図表4－6）。そこで、仕入先を精査し、どのように従業員が働いているかを見て、自社のビジョンに合わない農家とは取引をやめたり、指導して考えを変えるように働きかけたりすることを宣言しました。

このように、社会やコミュニティへの貢献が重視される状況では、企業の姿勢をビジョンとして表明して社会にコミュニケートすることは一つの有効な方法でしょう。

ジョンソン・エンド・ジョンソンの「クレド（我が信条）」

ビジョンがお題目ではなく成果を上げた例として有名なのが、ジョンソン・エンド・ジョンソン（以下「J&J」）の「クレド（我が信条）」でしょう（図表4－7）。J&Jのクレドを読むと、顧客、社員、社会、株主の四つのステークホルダー別に段落を分けて、各段落でステークホルダーに対してJ&Jが負っている責任、J&Jがやるべき事を書いています。

J&Jのクレドの画期的なところは、各段落が「我々の第一の責任は」「我々の第二の責

図表 4-7　ジョンソン・エンド・ジョンソンのクレド

我が信条

我々の第一の責任は、我々の製品およびサービスを使用してくれる医師、看護師、患者、そして母親、父親をはじめとする、すべての顧客に対するものであると確信する。顧客一人一人のニーズに応えるにあたり、我々の行なうすべての活動は質的に高い水準のものでなければならない。適正な価格を維持するため、我々は常に製品原価を引き下げる努力をしなければならない。顧客からの注文には、迅速、かつ正確に応えなければならない。我々の取引先には、適正な利益をあげる機会を提供しなければならない。

我々の第二の責任は全社員――世界中で共に働く男性も女性も――に対するものである。社員一人一人は個人として尊重され、その尊厳と価値が認められなければならない。社員は安心して仕事に従事できなければならない。待遇は公正かつ適切でなければならず、働く環境は清潔で、整理整頓され、かつ安全でなければならない。社員が家族に対する責任を十分果たすことができるよう、配慮しなければならない。社員の提案、苦情が自由にできる環境でなければならない。能力ある人々には、雇用、能力開発および昇進の機会が平等に与えられなければならない。我々は有能な管理者を任命しなければならない。そして、その行動は公正、かつ道義にかなったものでなければならない。

我々の第三の責任は、我々が生活し、働いている地域社会、更には全世界の共同社会に対するものである。我々は良き市民として、有益な社会事業および福祉に貢献し、適切な租税を負担しなければならない。我々は社会の発展、健康の増進、教育の改善に寄与する活動に参画しなければならない。我々が使用する施設を常に良好な状態に保ち、環境と資源の保護に努めなければならない。

我々の第四の、そして最後の責任は、会社の株主に対するものである。事業は健全な利益を生まなければならない。我々は新しい考えを試みなければならない。研究開発は継続され、革新的な企画は開発され、失敗は償わなければならない。新しい設備を購入し、新しい施設を整備し、新しい製品を市場に導入しなければならない。逆境の時に備えて蓄積を行なわなければならない。これらすべての原則が実行されてはじめて、株主は正当な報酬を享受することができるものと確信する。

［出所］　ジョンソン・エンド・ジョンソン ホームページ

任は」「我々の第三の責任は」「我々の第四の、そして最後の責任は」という言い方で始まっているところです。すなわち、顧客→社員→社会→株主の順で明確に優先順位をつけているのです。

資本主義の権化で、株主価値の最大化を最優先とするアメリカにおいて株主が最後に来るのはある意味では珍しいことなのです。しかもＪ＆Ｊでは、そういう価値観がトップから前線の従業員まで社内に深く浸透していたのです。

ここで有名な事件が起きます。一九八二年、Ｊ＆Ｊの主力商品の一つである解熱鎮痛薬「タイレノール」を服用した一般消費者七人が、何者かによって混入されたシアン化合物（青酸カリ）で死亡したのです。タイレノールはアメリカでトップシェアの解熱鎮痛薬でした。

アメリカのどの家庭にも常備されている国民薬とも言えるような医薬品に問題が生じたとあって、アメリカの消費者はパニック状態に陥りました。このとき、Ｊ＆Ｊは即時に生産を中止し、小売店から全品を回収するという対応をとったのです。

採算を度外視して、回収に一億ドル以上を費やしました。さらに、直ちにホットラインを開設し、電話での問合せに対応できる体制も整えています。

当時のＣＥＯだったジェームズ・バークはマスコミに対して、現時点でわかっていること、わかっていないことを何一つ隠すことなく、迅速かつ真摯に説明しました。そして事件直後から、異物混入が不可能な新パッケージの開発に着手しています。

タイレノールはその後、三重密封構造の容器で販売を再開し、二カ月後には事件前の売上の八〇%にまで回復することができたのです。

九月二九日に最初の死亡事件が起こった後、一〇月六日にタイレノール全商品をリコールし、一一月一一日に三重密封構造の容器を数週間以内に発売すると発表したのですが、こうした素早い対応にひと役買ったのが「クレド」でした。

もちろん、トップからも速やかに指示が出されたのですが、それより前に、前線の従業員が上司の指示を待たずに即座に動いたのです。自分の判断で顧客である薬局に飛んで行き、販売中止を働きかけ、商品回収を始めた営業担当者もいたそうです。

Ｊ＆Ｊのクレドが「何よりも顧客を最優先せよ」と示していたので、多くの社員が自分で考えて対応したのですが、そのほとんどが適切な行動だったのです。

多くの企業は、しっかりしたマニュアルを作って、従業員が適切な行動をとるようにサポートしています。ところがマニュアルは万能ではありません。第一に、ややもすると細かすぎて詳しすぎるマニュアルになりがちです。特に、「このケースではこうしなさい」と多くのケースを想定して細かく規定していけばいくほど、電話帳のように分厚くなるのです。

あまりにも分厚くなれば誰も読まなくなります。仮に読んだとしても量が多すぎるし細かすぎるので、とても中身を覚え切れません。いくら精緻にマニュアルを作っても、従業員が中身を覚えてくれなければ適切な行動にはつながらないのです。

第二に、タイレノール事件のように想定外のことが起こった場合の対応については書かれていない場合が多いのです。第三に、マニュアルが従業員に浸透すればするほど、従業員のマニュアル依存度が高まり、従業員は何も考えずにただマニュアルに書いてある通りに行動するようになり、自分の頭で考えることをやめてしまいます。

一方、J&Jのようにビジョンがしっかりと浸透している企業であれば、マニュアルに書いていない事態が発生して自分がどのように行動すべきかで迷ったときに、ビジョンに立ち返ることで自社の価値基準に則って従業員が自分で意思決定して行動し、全社が同じ方向に動くことができるのです。

J&Jのトップ経営陣はタイレノール事件発生後五～六週間にわたって、毎日朝六時と夜六時に集まっては、対策を話し合い、決定事項を実行していきました。会議室の机には一人ひとりの前に「クレド」のコピーが置かれており、毎回、それを読み上げてから会議を始めたそうです。対応をめぐって意見が割れると、クレドを読み返しました。クレドが最高の意思決定基準として役立ったのです。

このように、トップから最前線の従業員に至るまで、適切な行動をとれたことにより、パワフルなビジョンがいかに重要かを世の中に知らしめる事例となったのです。

なお、この一件には後日談があります。大事件が起こったときに、ライバル企業は、千載一遇の好機だと考えました。これでJ&Jが失墜し、シェアが奪えると思ったのです。ところが現実にはその通りになりませんでした。消費者はJ&Jの真摯な対応を評価した上、三重密封構造の新容器を使っていないライバル企業の薬のほうが危ないと感じたのです。

その結果、一度タイレノールから離れた消費者もむしろ積極的に新しいタイレノールに戻ってきました。それどころか、ライバル企業の薬を使っていた消費者が、むしろ安全な三重密封構造の新容器のタイレノールに乗り換えたケースも多かったのです。

公文教育研究会——創業者の思いを受け継ぐ

J&Jはアメリカ企業の例ですが、日本企業でもビジョンが有効に機能している例として、教育産業の公文教育研究会（以下「公文」）が挙げられるでしょう。公文はご承知のように日本で生まれた学習塾ですが、今や、世界の五〇以上の国・地域でフランチャイジーが教育塾を営むグローバル企業に成長しました。

創業者の公文公《くもんとおる》氏は、自習用ドリルを用いて、子どもが習熟度に合わせて勉強する仕組みを考え出しました。これは学校の先生であった公文公氏が、自分の子どものために手作りした練習帳から始まったそうです。

一般の学校教育では、一つの教室に数十人の子どもが詰め込まれ、全員が同じ授業を聞き、同じ問題を解いていきます。

公文の教室にも大勢の子どもたちがやって来ますが、解いている問題は一人ひとり違うのです。その子どもに合ったレベル、厳密には、その子どもの現状のレベルよりも半歩上にチャレンジさせるよう指導していきます。

半歩上のレベルであれば、少し努力すれば問題を解くことができます。子どもは問題が解ければ嬉しいので、モチベーションが上がり、もっと先まで勉強したいと思うようになります。このようにして、勉強の楽しさを知ってもらい、子どもの力を伸ばしていくのが公文式です。

公文の場合、ビジョン、ミッション、バリューの三つに分けて、こうした教育方針や価値観を「KUMONの想い」として明確にしています。

教育方針や価値観の徹底は、公文が学習塾を展開していく上で非常に重要なことなのです。というのは、フランチャイジーが公文の許可を得て教室を開くときによく問題となるのが、親たちが子どものレベル以上のことをやらせたがることです。

たとえば、うちの子どもは小学校四年生なのに三年生レベルの算数しかできない、と親が焦って、四年生の算数を教えてくれとリクエストしてくるのです。それは「KUMONの想い」に反することです。

何年生かは関係なく、個々の現時点でのレベルを見極めて、今そのお子さんができるレベルから始めたほうが、本人も自信がつくのです。したがって、たとえその子が四年生であろうが、三年生のレベルから自習したほうが確実に実力がつき、本人の自信もついてやる気が出て、最終的に四年生のレベルに達するというのが、公文の信じていることです。

そうやって自信がついて勉強が楽しくなり、自ら進んで次のレベルの問題を解きたいと思うようになれば、最後には四年生であるにもかかわらず五年生や六年生のレベルの課題も解けるようになるでしょう。

この公文ならではの子どもの学力の伸ばし方を、指導員は親たちにしっかりと説明し納得させる必要があります。そのためには、全世界に散らばったフランチャイジーの指導員が、公文の本質的なビジョンをしっかりと理解し、心底賛同していなくてはならないのです。

フランチャイジーの指導員自身が信じていないことを、親たちに説得できるはずがありません。つまり、ビジョンの浸透が決定的に重要な鍵になるのです。しかもフランチャイジーは社員ではなく、外部関係者なので、これは社内の従業員にビジョンを浸透させるよりも難しいことです。その上、公文は世界で教室を開いています。

公文の場合は学習塾という単一事業ではありますが、異なる複数事業を営む企業と同じチャレンジを抱えているので参考になるでしょう。異なる複数事業を営む企業の場合は、事業環境も異なるそれぞれの事業に同じビジョンを浸透させるというチャレンジです。

公文の場合は、国や言葉もそして文化や風習も異なる世界中の公文教室に同じビジョンを浸透させるというチャレンジです。そのためには、文化や風習の違いを超えて誰にでもどんな言語でも伝わるわかりやすいビジョンを作り浸透させる必要があるのです。実際、公文は「ＫＵＭＯＮの想い」を複数の言語で伝えています。

なぜスターバックスの業績は回復を果たしたのか

公文と同じく単一事業ではありますが、複数事業を持つ企業と同じようなチャレンジを抱えている企業がスターバックスです。複数事業を持つ企業は事業環境も異なるそれぞれの事業に同じビジョンを浸透させるというチャレンジですが、スターバックスの場合は文化も言語も異なる世界中の店に同じビジョンを浸透させるというチャレンジです。

スターバックスの「OUR STARBUCKS MISSION」は、六つの項目で構成されています（図表4－6）。

第一に、提供する製品・サービスを明確にし、それに外れることはやらないことを明らかにしています。特にコーヒー豆農家を搾取しないことを明確に宣言しています。第二に、パートナーを大切にするとあります。スターバックスでは、正社員もパートタイム・ワーカーも区別せずに一律「パートナー」と呼んでおり、働いている全員がこれに該当します。第三が顧客との接し方、第四は店のあり方、第五は社会やコミュニティとの付き合い方について規定しています。そして最後の第六番目に、J&Jと同じく、株主が来ています。

このミッションを読んでどのように思われるでしょうか。資本主義の下での株式会社は「株主第一」あるいは「顧客第一」とうたうことが多いのですが、スターバックスはややもすると搾取されかねない弱い立場の「コーヒー豆農家」「パートタイム・ワーカー」に対する責任を先にうたっています。正社員もパートタイム・ワーカーも区別せずに一律「パートナー」として対等に扱うと宣言しています。また、コミュニティに対する責任を、株主に対する責任よりも上位に置いています。

また、「OUR STARBUCKS MISSION」には明確に記述されてはいませんが、スターバックスには有名な「第三の場所」というコンセプトがあります。第一の場所は家、第二の場所は職場、第三の場所がスターバックスであり、ゆっくりとくつろいでもらう場所を提供しようというコンセプトです。

中興の祖であるハワード・シュルツは二〇〇〇年にいったんCEOを退きました。すると、後任の経営陣はウォール街からのプレッシャーを気にしすぎて、ビジョンから逸脱して短期的な視点で収益性向上策を打ち始めたのです。

たとえば、顧客一人当たりの購買単価を上げるために、ピザやお土産品など、さまざまなものを併売し始めました。あるいは顧客にあまり長く店に居座られては回転率が下がってしまうので、過剰に快適なインテリアはやめるようにしました。

さらに、常に満席状態にしようと、出店計画も見直し始めました。それまでは、同じエリア内に多数の店舗を出店する戦略を採っていました。

というのも、スターバックスのコンセプトは、家庭と職場に次ぐ「第三の場所」でゆっくりとくつろいでもらう場所を提供することだからです。

いつ行っても満席で、長い列に並ばないと注文ができないし、いざ注文したコーヒーが出てきても、長い列で待っている後続の顧客を待たせては申し訳ないと慌ててコーヒーを一気に飲み干すようでは、ゆっくりとくつろぐことはできません。すなわち、満席にならないようにあえて同じエリアに多くの店を出店していたのです。

しかし、新経営陣は、それでは過剰出店であり収益性の低下につながると考えて出店密度を下げることにしたのです。

どの打ち手も一見すると、短期的には収益性向上に効果的なように見えるのですが、実際には、スターバックスの業績は下降線をたどっていきました。

コーヒーの味と香りをゆっくり楽しめることを評価していた顧客にとって、ピザの匂いは歓迎すべきものではありません。いつでもゆっくりくつろげる場所でないのであれば、他のカフェと変わらないため、わざわざスターバックスを選ぶ理由がありません。その結果、次第に顧客は離れていったのです。

窮地に追い込まれたスターバックスにシュルツがCEOとして復帰し、ビジョンから外れていたことはすべてやめて元に戻していきました。その一方で、ビジョンに合う取り組みを新たに始めることで、見事に業績が回復したのです。

このように、一見業績向上に役立つように見える戦略もビジョンに反することをやると、かえって業績が下がるということが起こり得ます。シュルツは「ウォール街にNOと言う勇気を持て」と言っています。シュルツの跡を継いだ経営陣は、株主を気にしすぎることで、かえって株主価値の最大化から遠ざかってしまったのです。

オムロン——ソーシャルニーズを「創造」する

オムロンは「制御機器・ファクトリーオートメーションシステム」「電子部品」「車載電装部品」「社会システム」「健康医療機器・サービス」「環境関連機器・ソリューション」の六つの異なる複数事業を営む企業です。それぞれの事業を社内カンパニー、あるいは子会社として運営していますが（図表4－8）。異なる事業を営んでいますが、全社統一のビジョン「企業理念」を掲げています（図表4－9）。

企業理念は「Our Mission（社憲）」と「Our Values（私たちが大切にする価値観）」に分かれています。「Our Mission」は「われわれの働きで　われわれの生活を向上し　よりよい社会をつくりましょう」というものです。その下に「Our Values」として、「ソーシャルニーズの創造」「絶えざるチャレンジ」「人間性の尊重」の三つを掲げています。

よりよい「社会」をつくる、あるいは「ソーシャル」ニーズの創造、というキーワードから読み取ることができるのは、個人の嗜好品を追求するよりも、世の中を良くする方向の製品またはサービスの提供を目指していることです。

しかも、ソーシャルニーズに「対応」するのではなく、「創造」することを目指しています。つまり、既に存在するビジネスに後発で参入してシェアを取るのではなく、世の中にないビジネスをゼロから創り上げることを目指しています。

実際にオムロンの事業の歴史を見ると、ビジョンに沿った行動をとってきたことがわかります。もともとは工場の自動化のためのセンサーなどの制御機器・ファクトリーオートメーションからスタートした企業です。

図表 4-8　オムロンの組織・事業

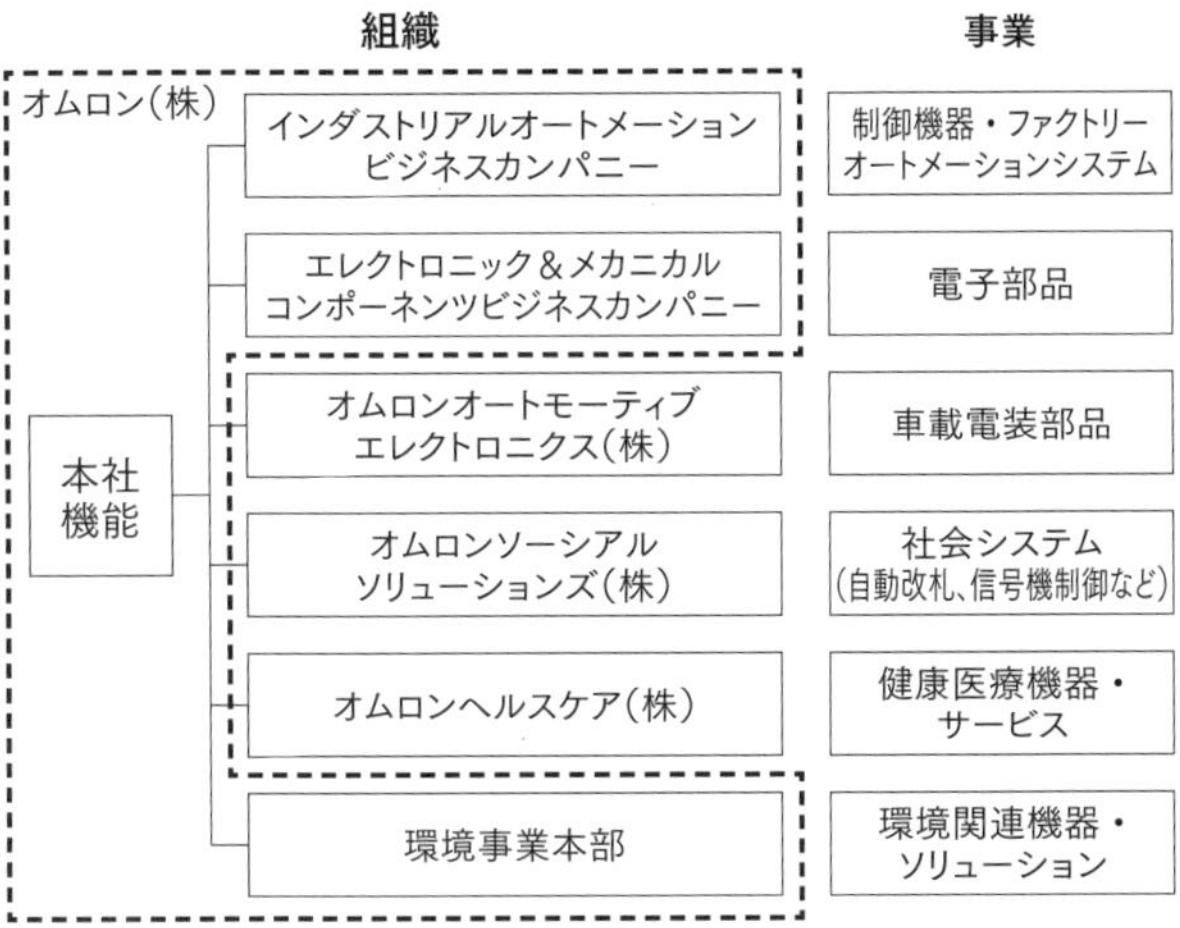

［出所］　オムロンホームページを参考に筆者作成

図表 4-9　オムロンの「企業理念」

Our Mission
（社憲）

われわれの働きで われわれの生活を向上し よりよい社会をつくりましょう

Our Values
私たちが大切にする価値観

- **ソーシャルニーズの創造**
  私たちは、世に先駆けて新たな価値を創造し続けます。
- **絶えざるチャレンジ**
  私たちは、失敗を恐れず情熱をもって挑戦し続けます。
- **人間性の尊重**
  私たちは、誠実であることを誇りとし、人間の可能性を信じ続けます。

［出所］　オムロン　ホームページ

その際に、おそらくオムロンは、工場の自動化で自社はどのような「価値」を提供する企業なのかを考えたのではないかと思います。

すなわち、「人間にとって退屈な単純作業はできるだけ自動化によって機械にやってもらおう。それによって人間の生活を豊かにすることが我が社の根源的な価値である」と思うようになったのではないでしょうか。また、人間にとって豊かなそのような社会を他社に先駆けて「創出する」のが我が社であって、他社の後追いはやめよう、と決めたのではないかと思われます。

たとえば、本流の制御機器・ファクトリーオートメーション事業で培ったセンシング技術を応用した多角化の一つが、駅の自動改札です。自動改札を世界で最初に作ったのはオムロンです。かつては、駅員がいちいち切符を確認し、はさみを入れていました。人間にとっては退屈な単純作業です。また人間ではミスも起きるし、効率も良くありません。

この社会問題を解決するために、世界初となる自動改札というソリューションを考え出したのです。これは他社の後追いではなく、ゼロから事業を創出したわけです。

また、当時は、血圧は病院で医師や看護師が水銀計で測定するものだったのですが、家庭で自分の血圧をデジタル計で測定するというまったく新しい習慣を提案し一般家庭に根付かせて、「家庭用血圧計」という新市場を世界で最初に創出したのもオムロンです。ここにもビジョンを反映した行動を見ることができます。

血圧は体温と同じく、人間の体調を見る上で基礎的ですが重要な指標です。しかしながら詳細な診断を行うためには、病院で測る血圧だけでは不十分で、寝る前、起きた後、食事の前後の血圧がわかったほうがより良い治療を行うことができる場合もあります。

あるいは「白衣高血圧」というのですが、病院に行って白衣の医師・看護師を見ると緊張して血圧が上がってしまい、正しい数値が測れない患者さんも存在します。

つまり、医師や看護師の手を借りずに、家庭で簡単かつ正確に血圧を測り、自己管理したり、医師に報告したりするほうが健康管理上はいいのですが、これまで世界のどこを探しても家で血圧を測る習慣を持つ国は存在しなかったのです。

そうした状況の中で、家庭でも扱いやすいデジタル血圧計を普及させるべく尽力したのが、オムロンです。ファクトリーオートメーションで培ったセンシング技術を生体センシングに応用して、デジタル血圧計を開発しました。ところが医師たちは当時、水銀血圧計に慣れ親しんでおり、デジタル血圧計は精度で劣るという認識でした。

オムロンが、自社の製品は精度が高いと自己宣伝しても説得力はありません。そこでオムロンは世界のさまざまな学会と共同研究を行い、医師会、学会、厚生省（当時）などの第三者にデジタル血圧計の正確性を証明してもらいました。

さらに、彼らと実証研究を重ね、家庭で血圧を測るノウハウも研究し、その重要性を学術的に学会や医師会に証明してもらい、家庭で測ることを医師から患者に働きかけてもらうように努めたのです。それを一つひとつの国ごとに地道に行ったのです。

こうして新しく創造した市場で、オムロンの家庭用血圧計の世界シェアは、本書の執筆時点では五〇%を超えています。

このようにファクトリーオートメーション事業から始まったオムロンは、駅の自動改札機や家庭用血圧計など、まったく異なる複数事業を持つ企業に成長しました。異なる事業でありながら共通のビジョンの下に複数事業化を進めていることがわかります。

事業ドメイン
——何をする会社になるのか（ビジョン軸×コアコンピタンス軸で複数事業化を考える）

前章ではコアコンピタンスという軸で複数事業化を論じましたが、この章ではビジョンという軸で再び複数事業化を考えてみましょう。どのような事業を行うか、すなわち「事業ド

図表4-10　多事業化を考える軸

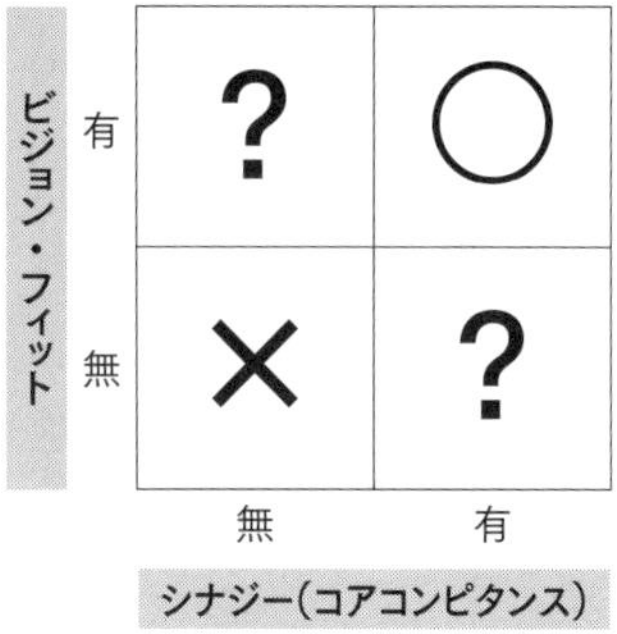

メイン」を考える上で、コアコンピタンスと並んで重要なのがコーポレートビジョンだからです（図表4－10）。

前章で述べたように、コアコンピタンスに基づかない複数事業化（すなわちシナジーなき多角化）は成功確率が高くありません。ところが、コアコンピタンスは客観的分析だけから自動的に浮かび上がるものではありません。何をコアコンピタンスとして育てたいのかという経営者としての意思すわちビジョンの問題です。

また複数事業化において複数の選択肢がある場合、論理的・客観的な分析だけで意思決定するのではなく、我が社は何がやりたいのか、何をすべきなのかというビジョンに基づく意思決定が重要になるのです。

ビジョンだけ素晴らしくても、異なる事業間でコアコンピタンスが共有できず、シナジーが効かないのであれば、早晩立ち行かなくなることが多いのです。そのビジョンにあくまでもこだわるのであれば、新たに必要となるコアコンピタンスを習得するプランを立て、実行しなくてはなりません。

その逆も然りで、コアコンピタンスは転用できても、ビジョンがなければ、気づくと各事業がばらばらなことに従事し、自社が何を提供しているか見えなくなると、長期的には企業のパフォーマンスは下がっていきます。

コアコンピタンスが発揮されてシナジーが効き、かつ、共通ビジョンによって個々の事業の戦略が語れるのがベストでしょう。以下、いくつかの企業の複数事業化をビジョンという軸で見てみましょう。

ヤマハ発動機のビジョン——感動創造企業「Revs your Heart」

もともとオートバイメーカーとしてスタートしたヤマハ発動機はその後、レジャーボート、マリンジェット、スノーモービル、ATV（All Terrain Vehicleの略。日本では四輪バギーと呼ばれています）に進出し、さらに最近では電動車椅子や電動アシスト自転車も製造しています。

社名が「発動機」となっていることからも明らかですが、移動体用エンジンを技術のコアコンピタンスとして事業を展開しています。また、最近は、電動アシスト自転車のように「発動機」の定義をエンジンから電動モーターにまで広げています。

しかしながら、ヤマハ発動機の複数事業化は「発動機を使ったビークル（移動体）の提供」だけでは説明できません。代表的な事業を見ていくと、どちらかといえば商用よりもレジャー用が目立ちます。同じビークルでも商用車やフォークリフトなどは作っていません。単に生活必需品としてのビークル、仕事のためのビークルではなく、ドライブ自体を楽しむ価値を提供する企業になろうとしているように見えます。四輪バギーは地上、マリンジェットは水上、スノーモービルは雪上と、場所は違いますが、どれもいわゆるモータースポーツです。また、一九九〇年代後半からは電動アシスト自転車や電動車椅子に事業領域を広げています。

すなわち、顧客対象をモータースポーツのような「移動の強者」だけでなく、「移動の弱者」にも広げているのですが、「移動の楽しみを提供する企業」という基本方針は同じです。

これはヤマハ発動機のビジョンに起因します。ヤマハ発動機は「企業目的」において自社を「感動創造企業」と定義しています（図表4－11）。

図表4-11　ヤマハ発動機の企業目的

感動創造企業
世界の人々に新たな感動と豊かな生活を提供する

人々の夢を知恵と情熱で実現し、
つねに「次の感動」を期待される企業
それが、感動創造企業・ヤマハ発動機である。

［出所］ ヤマハ発動機 ホームページ

図表4-12　ヤマハ発動機のブランドスローガン

ブランドスローガン“Revs your Heart”（レヴズ ユア ハート）に込めた想い

Rev―エンジンの回転を上げるように。
心躍る瞬間、そして最高の経験を、YAMAHAと出会うすべての人に届けたい。

私たちヤマハ発動機は、イノベーションへの情熱を胸に、お客様の期待を超える感動の創造に挑戦しつづけます。

Revs your Heart〈レヴズ ユア ハート〉
YAMAHA

［出所］ ヤマハ発動機　ホームページ

すなわち、ドライブ自体を楽しむこと（モータースポーツ）によって「感動」を創造する、あるいは交通弱者にもビークル（移動手段）を提供することによって「感動」を創造する企業でありたいと明確に宣言しています。

これによってヤマハ発動機は複数事業化の方向性、ひいては事業ドメインを規定しているわけです。ヤマハ発動機という企業の傘下の事業は、どのような事業であれ「感動を創造する」事業でなければならない、という意味です。

したがって、たとえ一見、自社のコアコンピタンスに合致するような事業機会があっても、それが感動を創造しない場合はおそらくやらないのでしょう。あるいはその新規事業を始める場合は、「感動を創造する」事業に仕立てることが必須となります。

このビジョンをよりわかりやすく表現したのが、ヤマハ発動機の「ブランドスローガン」です（図表4－12）。「Revs your Hert」。まさにヤマハ発動機のビジョンを三語で明確に表現しているのではないでしょうか。

ヤマハ株式会社（楽器）のビジョン――感動を・ともに・創る

ヤマハ発動機はもともとは楽器メーカーのヤマハ株式会社（以下「ヤマハ」）から派生して誕生した企業です。次に「親企業」のヤマハのビジョンを見てみましょう。

ヤマハの「コーポレートスローガン」は「感動を・ともに・創る」です。先ほど紹介したヤマハ発動機の「企業目的」は「感動創造企業」でした。非常に似通っています。やはりヤマハから派生したヤマハ発動機は同じDNAを共有しているのでしょう。だから発動機を使ったビークルメーカーでありながら、楽器と同じような「感動の創造」にこだわっているのではないでしょうか。

また、ヤマハは世界の楽器メーカーの中でも特異な存在です。

ヤマハは、創業者の山葉寅楠が西洋からもたらされたオルガンを見様見真似で作ったところから始まります。その後、同社はピアノを作り始め、今では鍵盤楽器だけでなく、ギターなどの弦楽器、トランペットやサクソフォンなどの管楽器、ドラムなど打楽器、ミキサーやシークエンサーなど音を合成する電子音声制御機器を展開しています。

世界の楽器メーカーを見渡すと、総合楽器メーカーはあまり多くありません。たとえばスタインウェイ&サンズはピアノ専門、ギブソンやフェンダーはギター専門です（ちなみにギブソンは本書の執筆時点で経営が破綻して会社更生の申請をしています）。ヤマハはなぜ普通の楽器メーカーが通常選ばない複数事業化の道を選び、世界最大の総合楽器メーカーになれたのでしょうか。

ヤマハのビジョンを見ると、「音・音楽を原点に顧客が感動を創ることをサポートする」ことを目指している企業であることがわかります。すなわち、自社をある楽器に特化した専業メーカーとは捉えていないのです。

さらにいえば自社の事業を「楽器」に限定していません。音楽の感動を創るために必要なものであれば楽器を超えて電子音声制御機器も自社の範疇になると考えているのでしょう。音楽の感動を普及する目的で、ヤマハ音楽教室などを運営するヤマハ音楽振興会も設立しています。

顧客に音楽の楽しさを届けるのが自社のビジョンであるのであれば、単に楽器・音響機器のような「ハード」を提供するだけではなく、顧客が楽器を使って音楽を楽しむことができるような「ソフト」（この場合は振興会設立）も提供すべきである、と考えているのでしょう。最近では音声作成ソフトの「ボーカロイド」（通称「ボカロ」）まで手掛けています。

ここでもコーポレートビジョンに基づいて事業群をマネージしようという意図を読み取ることができます。

ビジョンをうまく機能させる三ステップ

さて、ここまではどのようなビジョンを作るのかを見てきましたが、ビジョンが壁に貼ってある美辞麗句で終わっては意味がありません。ビジョンが実利を生むように「運用」する

図表 4-13　ビジョンを機能させるには……

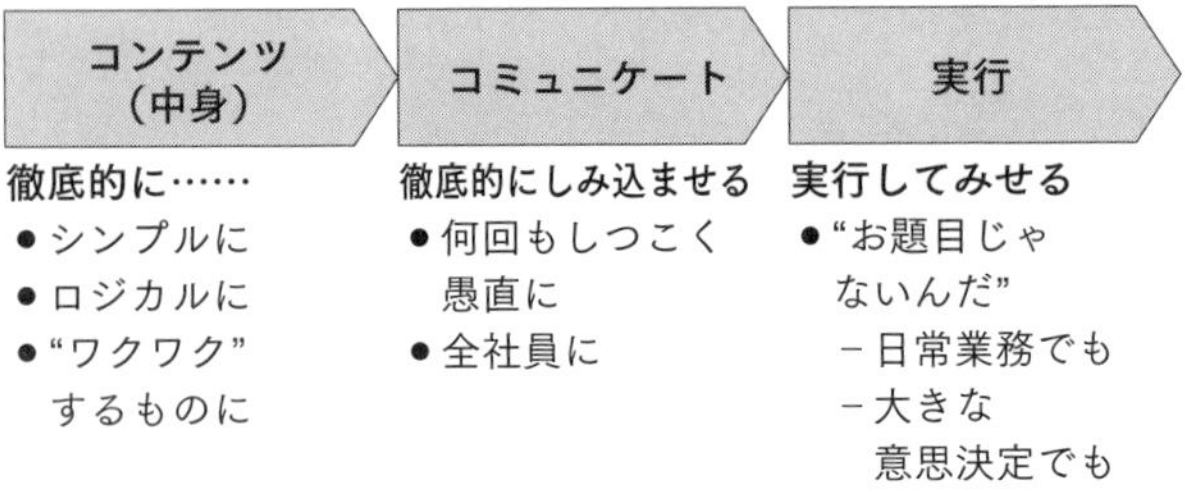
コンテンツ
（中身）
コミュニケート
実行
徹底的に……
● シンプルに
● ロジカルに
●“ワクワク”
するものに
徹底的にしみ込ませる
● 何回もしつこく
愚直に
● 全社員に
実行してみせる
●“お題目じゃ
ないんだ”
－日常業務でも
－大きな
意思決定でも

必要があります。ここでは運用に関して見ていきましょう。

ビジョンを最大限活用するためには、大きく三つのステップがあります。コンテンツ、コミュニケート、実行です（図表4－13）。

まず、第一ステップの「コンテンツ」に関するポイントは、シンプルであることです。ターゲットとなる人々が覚えられなければ意味がありません。洗練して、キーワードは例えば三つまでというように凝縮させるべきでしょう。かつ、ロジカルで、それをビジョンとする理由が明快になっていなければなりません。

さらに、それを聞いたステークホルダーが素晴らしいと、ワクワクするものでなければなりません。

たとえば社員であれば、会社のビジョンに社員が心から賛同して、このビジョンを達成するための一員として働くことができることを誇りに思い、ビジョン達成のために自分も頑張ろう、という気になるのが理想です。あるいは、顧客がビジョンに賛同して会社の製品やサービスをぜひ使いたい、協力会社がぜひ一緒に仕事をしたい、投資家ならばこの会社の株主になりたい、と思ってもらうことができるようなビジョンでなければなりません。

第二ステップの「コミュニケート」のポイントは、徹底的に浸透させることでしょう。私はさまざまな会社の従業員に「御社のビジョンは何ですか」と尋ねてきましたが、意外ときちんと答えられない従業員が多いのです。そもそも覚えていないようでは、機能するビジョンにはなり得ません。

社員一人ひとりに徹底的にビジョンをしみ込ませるためには、愚直にワークショップなどを行うことが大切でしょう。さらに、時間とともに風化していくので、定期的・継続的なセッションを通じてリマインドすることも必要です。あるいは、壁に貼ったり、定期入れに収まる形で配布したりと、日頃から振り返りやすくするのも一つのやり方でしょう。

第三ステップの「実行」のポイントは、カスケード方式で上から下へと実践していくことです。特に重要なのが、上司です。上司が自ら実行して見せることで、「これはお題目ではない」と社員が思うようになります。

J&Jのタイレノールのような大きな事件が起これば、ビジョンに基づく意思決定や適切なアクションについての象徴的事例となるのですが、こうしたことはそう頻繁に起こるものではありませんし、起こったら大変です。それよりも、日々の仕事の中で実行して見せることが重要になってきます。

日々の何気ない仕事がすべてビジョンに照らし合わせて行われている、ビジョンに合わないことは日々の仕事の中で差し戻される、ということが当たり前のように行われている状態を作り上げることです。

ボストン コンサルティング グループのビジョン実行

「日常業務との直結」がビジョンを実行し徹底させる上でいかにパワフルかということは、私自身がボストン コンサルティング グループ（以下「ＢＣＧ」）に勤務していたときに身にしみて体験しました。

ＢＣＧのビジョンには「INSIGHT, IMPACT, TRUST」という三つのキーワードがありました（図表４－14）。インサイト（ＩＮＳＩＧＨＴ）とは、教科書に載っているようなありきたりのフレームワークや手法を使ったコンサルティングではダメで、インサイト、すな

図表 4-14　BCG（ボストン コンサルティング グループ）の「INSIGHT, IMPACT, TRUST」

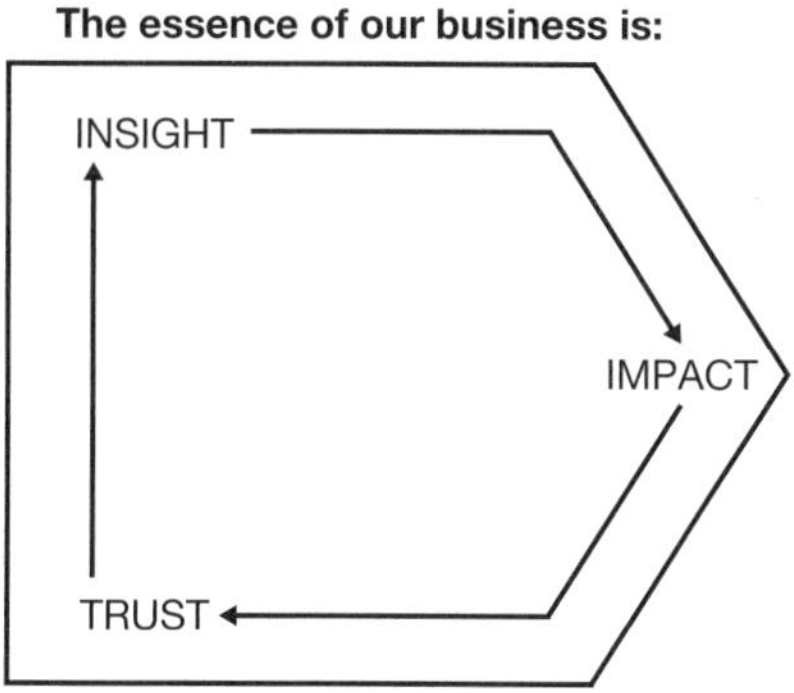

［出所］ ボストン コンサルティング グループ

わち、問題の本質を洞察した上でのコンサルティングでなければBCGのコンサルティングではない、という意味です。

インパクト（IMPACT）とは、クライアントのビジネスに大きなインパクトを与えるようなコンサルティングでなければBCGのコンサルティングではない、という意味です。

トラスト（TRUST）とは、インサイトとインパクトのあるコンサルティングを行うことにより、クライアントから絶対的な信頼を得るようでなければBCGのコンサルタントではない、という意味です。

BCG入社後のオリエンテーションで、私はこの「INSIGHT, IMPACT, TRUST」の説明を受けましたが、私は「あまりにも正論すぎて誰も反論できない当たり前のビジョンだな」と感じました。正直言って感動するようなものだとは思えなかったのです。

ところが、オリエンテーションの後に早速プロジェクトに配属され、先輩から、小さなタスクを与えられました。数日かけて調査・分析を行ってその先輩に「できました」と結果を持っていったのですが、その結果を見た先輩に「この分析のどこにインサイトがあるの」と言われたのです。「これでは教科書によくある分析を一通りやっただけ。この程度の教科書的分析はクライアントでも既にやっている。インサイトがない。これではBCGのコンサルティングではない。恥ずかしくてクライアントに持っていけない。やり直し」と言って差し戻しになったのです。

またあるときは別のプロジェクトの別の先輩から、「この提言ではインパクトがない。これではBCGのコンサルティングではない」と言われて差し戻しになりました。

さまざまなプロジェクトで異なるメンバーと組んで仕事をしましたが、どのプロジェクトでも一つひとつのタスクが「INSIGHT, IMPACT, TRUST」の視点で評価されて、基準に満たないと差し戻しになるのです。しかもそれを世界中のBCGで誰もが異口同音に「INSIGHT, IMPACT, TRUST」と言いながらコンサルティングを行っているのです。

こうなるとさすがの私も学習しました。このビジョンは単に壁に貼って飾ってある美辞麗句ではない。この「INSIGHT, IMPACT, TRUST」のチェックに通らないと日々の仕事が差し戻されるのです。先輩やボスに言われる前に、自分の仕事が「INSIGHT, IMPACT, TRUST」の視点で要求レベルに達しているかどうかを自己評価する癖がつきました。要求レベルに達していない場合はもうひと工夫しよう、もう少し深く考えよう、と思うようになり、日々の行動が変わっていったのです。

この話には後日談があります。入社して二～三年経ち、少しは仕事も覚えた私の下に新人がついて仕事を任せたのです。彼が持ってきたアウトプットを見て、無意識のうちに「これではインサイトがない。BCGの仕事とは呼べない。やり直し」と言っている自分に気がついたのです。ビジョンというものはこのようにして日々の仕事を通じて、直接の先輩や仲間を通じて浸透して実行されるものなのでしょう。

実行の担保――ビジョン作成時からステークホルダーを巻き込む

実行につながるビジョンにするための一つの有効な方法として、実行するステークホルダーをビジョン作成時から巻き込むことがあります。前述の公文の場合、ビジョンを作成し明文化するプロセスに全社員を巻き込んで何カ月もかけたことが、ビジョンの納得感を醸成し、実行を担保する上で非常に有効だったそうです。

前線の社員たちに価値観を浸透させたい場合は、若手や現場の人を入れて討議して、こういうビジョンであれば共感し納得する、納得すればこういう行動をとる、といったフィードバックをもらいながら策定していくことが有効です。

グローバル企業の場合、実行する地域も加味してビジョン作成のタスクフォースを組むと有効でしょう。グローバル企業に多く見られる間違いは、日本発グローバル企業が日本人だけでビジョンを作ろうとすることです。それでは、海外の人には意味が伝わらなかったり、解釈が異なったりすることもあり、うまく浸透させることができない可能性があります。

ビジョン策定の過程でグローバル人材を参画させ、一緒に考えていくほうが、後々の実行が担保されるでしょう。

たとえば、トヨタ自動車が「Toyota Way 2001」を作成したときに、タスクフォースのリーダーは日本人ではありませんでした。日本人にしか通用しないビジョンでは意味がないので、タスクフォースにはグローバルな人材が集められました。そして、トヨタの企業文化がわかっていて信頼も厚いトヨタ・モーター・マニュファクチャリング・カナダの会長（当時）で、本社のマネジングオフィサーも兼務していたカナダ人役員をタスクフォースのリーダーに起用して、「Toyota Way 2001」を作成したのです。

ビジョンの寿命とは——環境変化とともに、ビジョンの解釈を変える

環境変化とともに、企業に求められることは変わっていきます。たとえば本書の執筆時点では国連が二〇一五年に提唱した一七のＳＤＧｓ（Sustainable Development Goals）、あるいは投資家の新しい投資判断基準としてのＥＳＧ（Environment, Social and Governance）が重要視されています。

企業が利益を上げ、株主価値を高めるのは当たり前ですが、それだけではなく、事業を通じて社会問題の解決を図ったり、Sustainable、すなわち持続可能な社会作りに貢献すべきであるという考え方が主流になりつつあります。

従前のＣＳＲ（Corporate Social Responsibility、企業の社会的責任）は、企業が儲けを出して税金を払って、その税金を使って政府に世直しをしてもらうか、儲けた分を寄付に回

したり、ボランティアに当てたりするやり方でした。

しかし、SDGsやESGは、それだけでは不十分で本業そのものが社会問題の解決に貢献すべきであるという考え方です。それを標榜し、ビジョンにも反映させる企業も増えつつあります。

一方で、ビジョンそのものはそう頻繁に変更すべきものではありません。ビジョンは企業の価値観、行動規範の根幹であり、それがコロコロとしょっちゅう変わるようでは従業員や他のステークホルダーが混乱してしまい、行動に一貫性がなくなってパフォーマンスが下がってしまうでしょう。

しかもビジョンをステークホルダー（特に従業員）に定着させるには早くても数年、場合によっては一〇年以上もかかるため、やっと定着したビジョンを頻繁に変えるわけにはいきません。

したがってビジョンは本来であれば一〇年、二〇年後も機能するものが望ましいでしょう。やみくもにビジョンを改変するのではなく、解釈を変えていくべきです。たとえば、創業精神を重視してビジョンが作成されることも多いのですが、その解釈については、時代によって変えていくべきでしょう。ソニーなどがその典型例です。

ソニーの設立趣意書

「東京通信工業株式会社設立趣意書」は、ソニーの前身である「東京通信工業」の設立の趣意を創業者の一人である井深《いぶか》大《まさる》氏が一九四六年に起草したものです。七〇年以上前のものなので、現代語訳をつけた形でソニーのホームページに掲載されています。

なぜこの会社を始めたかという理由を示す設立趣意書はソニーのDNAとも言えるもので、七〇年以上前の趣意書をわざわざホームページに載せているということは、ソニーにこれを変える気がないことを示しているのでしょう。

とはいえ、時代の違いを感じさせる文言があちこちに見られます。たとえば設立趣意書の二番目に、「日本再建」云々とあります。これは一九四六年という終戦直後ならではの文言です。

現在は、日本再建よりもむしろ世界に貢献することだと、読んだ人は頭の中で読み替える必要があります。

せっかくの素晴らしい技術は、戦争に使うのではなく、国民生活を良くするために使うべきである、という内容も、「素晴らしい技術は日本の国民だけでなく世界中の消費者のために使うべきである」という解釈になるのでしょう。

ビジョンには、ステークホルダーに一定の行動をとってもらう狙いがありますが、望ましいとされる行動もまた環境変化と

COLUMN

全社ビジョンを持たないという選択は成り立つのか

個別事業でそれぞれビジョンを持っているが、全社統一のビジョンは不要だとして、設定していない企業はあるのでしょうか。論理的にはあり得ることです。たとえば、投資会社がホールディング・カンパニーという形態をとって、投資目的で複数の事業を子会社の形で保有している場合です。このような場合は、株式などの金融商品をポートフォリオで保有するのと同じなので、保有している事業のパフォーマンスが良好で、配当あるいは売却という形でリターンを返してくれさえすればよいので、あえて保有している事業で統一の全社ビジョンを持つ必然性は薄いでしょう。その場合は個々の事業がそれぞれ必要に応じてそれぞれのビジョンを作成すればよいのです。

一番いけないのは、中途半端な形をとることでしょう。必要もないのに全社ビジョンを作成するチームを作り、とりあえず形ばかりの全社ビジョン作ってみただけでは、それに費やしたヒト・モノ・カネ、時間が無駄になってしまいます。作成すると決めたのなら、十分に時間やお金をかけて本腰を入れて取り組み、ステークホルダーに浸透させて、人々の考え方や行動を変え、実利が出るところまでもっていく必要があります。

ともに変わっていきます。

一〇年前とは望ましい行動が異なる場合は、ビジョンもしくはその解釈を見直し、理想的な行動を引き出せるように調整しなくてはなりません。これも本社の仕事であると言えるでしょう。

第5章

全社組織の設計

全社組織設計の論点

この章では、複数事業を持つ企業の組織設計について考えます。複数事業を持つ場合、組織設計には大きく分けて、①本社部門の組織設計、②事業部門の組織設計、という二つの論点があります。

論点①の本社組織に関しては、「そもそも本社（コーポレート）がやることは何か」を決める必要がありますが、これに関しては第1章で既に論じましたので、この章では主として論点②の事業部門の組織設計にフォーカスしたいと思います。

ただしその前に、一点だけ論点①の本社組織の設計で注意したいのが、パーキンソンの法則です。英国の歴史学者、シリル・パーキンソンは英国の官僚組織を分析した結果「役人の数は仕事の量とは無関係に増え続ける」という現象を発見しました。これは民間企業にも当てはまり、とりわけ本社組織（および管理部門やバックオフィス）はそうなりやすい傾向があります。

というのは、本社部門は損益責任を負っていないので、ややもするとコスト意識が希薄になりがちで、生産性の向上、すなわち少ない人数で最大の成果を出すことへのインセンティブが働きにくいのです。

しかも、本社に配属されるスタッフは頭が良く、問題点や矛盾を見つけることを得意としている場合が多いのです。その結果、下手をすると「ここに矛盾がある」と重箱の隅をつつくような仕事が増えてしまう傾向があるのです。

なまじ知恵が回るので、なぜその仕事が必要かという後付けロジックを整えるのは得意な方々が多い。そうやって些末な仕事に励んでは、自分は付加価値を出していると悦に入ることにもなりかねません。

そのような状況が増殖するのを防ぐには、本社で働く方々のミッションや価値観をしっかりと設計して本社スタッフに浸透させる努力が必要です。また、本社の生産性、特にＲＯＩ（費用対効果）をできるだけ定量的、客観的にモニターする仕組みが有効です。

さて、論点②の事業部門の組織設計に戻ります。事業部が必要な機能をすべて事業部内で抱えて個別最適を目指していくと、全体で見ると同じ機能が重複していたり、事業間のシナジーが効かなかったりすることがあり得ます。そこで本社が介入し、全社最適の観点で全体の組織を作る必要が生じるのです。

機能を事業部横断で一つにまとめることのプラス面

全社組織設計の大きな論点となるのは、事業間で共通する機能をどのように設計して運営し、全社最適を実現するかです。ある機能（たとえば生産機能、すなわち工場）を各事業部が事業部内に個別に持ったほうがよいのか、あるいはその機能を各事業部から切り出して共通で持ったほうがよいのでしょうか（図表5―1）。企業の組織図を見ていくと、切り出して共通化したり、それぞれの事業部が個別に持ったり、ケース・バイ・ケースです。組織構造はどのような視点で決めていけばよいのでしょうか。

ある機能を全社レベルで集約し、各事業部がその機能を共通で使う場合、プラス面とマイナス面の両方があります（図表5―2）。まずはプラス面を考えてみましょう。プラス面は大きく言って「コスト低減」「業務量の平準化」「ノウハウの共有・転用」の三つです。

①コスト低減

たとえば各事業で個別に小さな工場を分散して持つよりも、生産機能を事業部から切り出してまとめ、「生産本部」のような独立した組織にして、物理的にも小さな工場をまとめて

図表5-1　全社組織における共通機能の設計

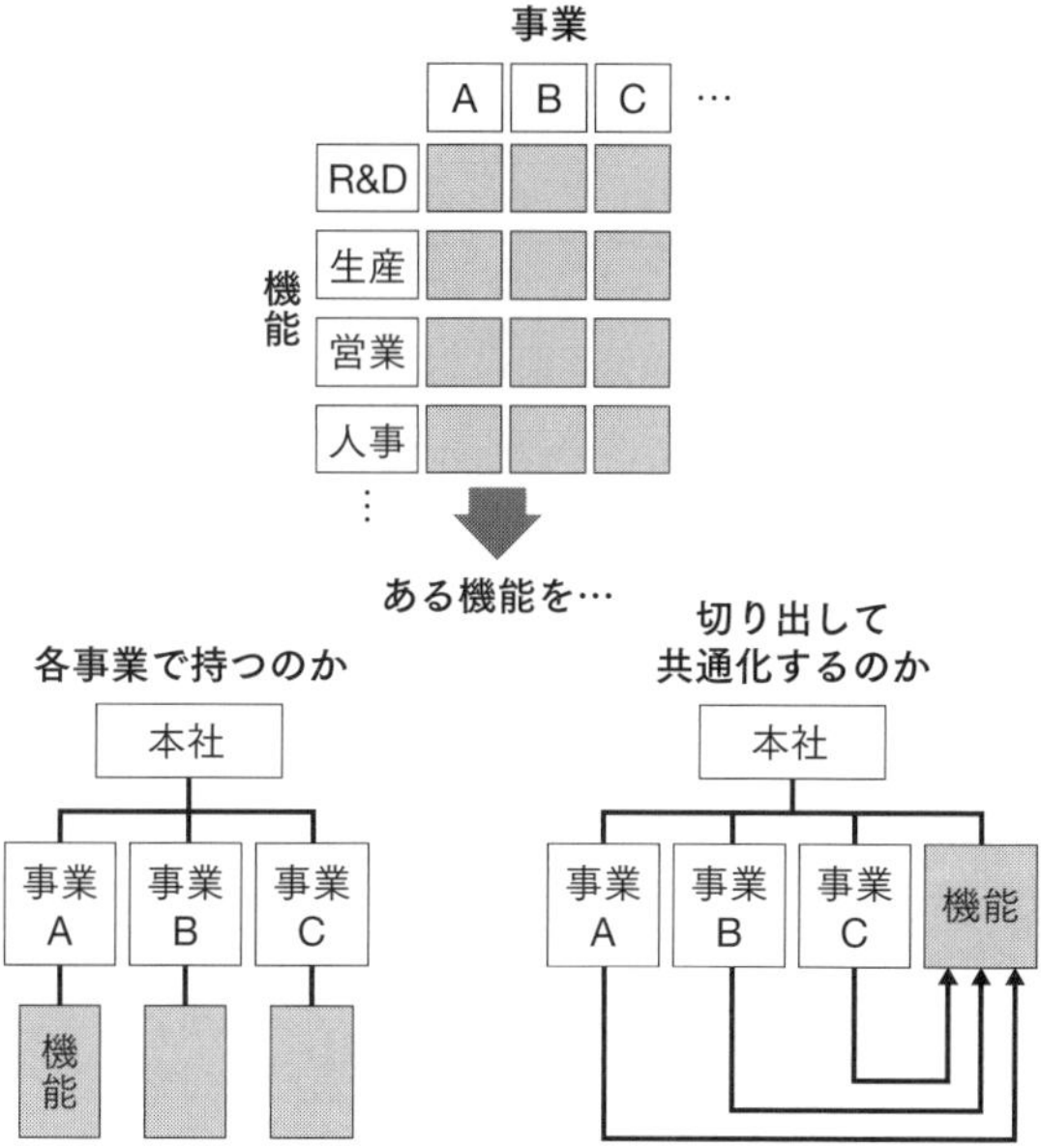

一つの大きな工場にしたほうが規模の経済性が効いて全体のコストが下がるという考え方です。

②業務量の平準化

同じく生産の例で、A事業は上半期に生産が集中し、下半期は閑散期となるのに対し、B事業は逆に上半期は生産の稼働率が下がり、下半期に生産が集中するとしましょう。

このように季節性など業務量に偏りがある場合は、A事業とB事業で生産設備を共有することで、通年での生産は平準化できる場合があります（実際に

**図表 5-2　機能を事業部で分けて持つのか？
全社で共有するのか？**

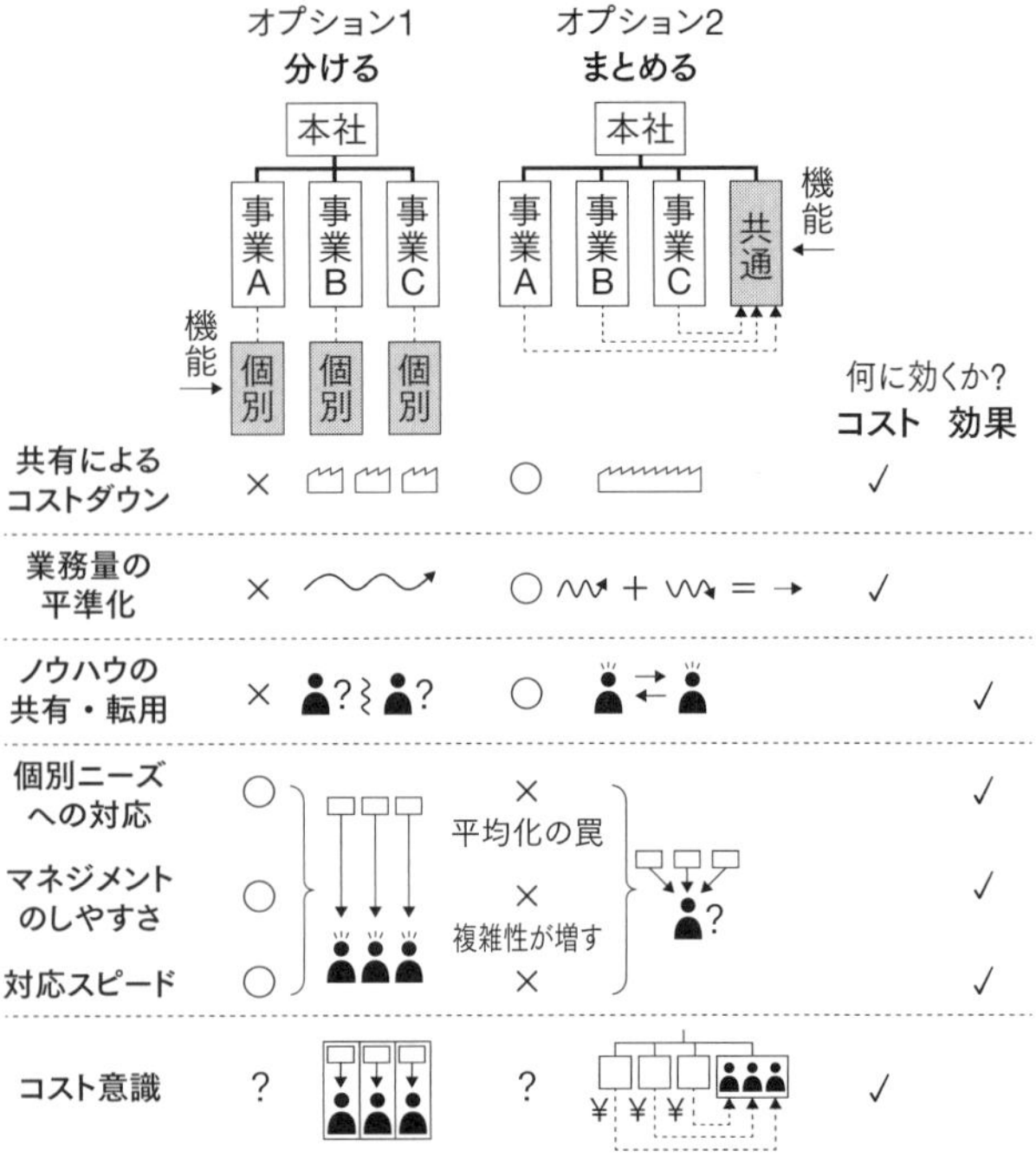

は、このように都合のいい例ばかりではないのですが）。

③ノウハウの共有・転用

生産の例を続けましょう。A事業とB事業は異なる製品を手掛けていますが、事業Aで編み出した製造ノウハウがそのまま事業Bに転用できるというようなこともあり得ます。

そのように共有化できる、あるいは転用できるノウハウがあるのであれば、その機能をまとめて一つの「生産本部」という組織にして、事業間で共有・転用したほうがシナジーが効くのでよいという前提です。

またその機能が非常に特殊で専門性が高い場合、スタッフを各事業に薄く分散させるとパフォーマンスが下がる場合があります。

たとえばM&A（事業の買収、売却）は一事業部から見れば数年に一～二回しか起こらないし、かつ非常に特殊で専門性の高いスキルが必要になります。そのような機能を各事業部で持っていてはノウハウの蓄積が期待できないため、事業部の外に全社共通のM&A専門の組織を設けたほうがよいという考えも成り立ちます。

機能を事業部横断で一つにまとめることのマイナス面

次にマイナス面を見ていきましょう。マイナス面は大きくいって二つです。「平均化の罠」と「複雑性の増大」です。

①平均化の罠

まず、平均化の罠を見てみましょう（図表5－3。第3章図表3－4再掲）。

三つの事業部の異なる製品を同じ営業担当者が売ることになったとしましょう。各事業部の製品の特性が異なるため、各事業部にとって最適な売り方は異なり、営業担当者に求められる資質も異なります。

A事業部では高度なコンサルティング営業ができる営業担当者を求めています。一つの顧客にじっくりと張り付いて、時間をかけて顧客の悩み事の相談に乗り、その顧客ならではのカスタマイズされたソリューションを作って提供することによって製品を売ることが、期待されています。

一方、B事業部ではコンサルティング営業は必要なく、むしろ値段勝負、スピード勝負な

図表 5-3　機能共有のマイナス面（1）平均化の罠（再掲）

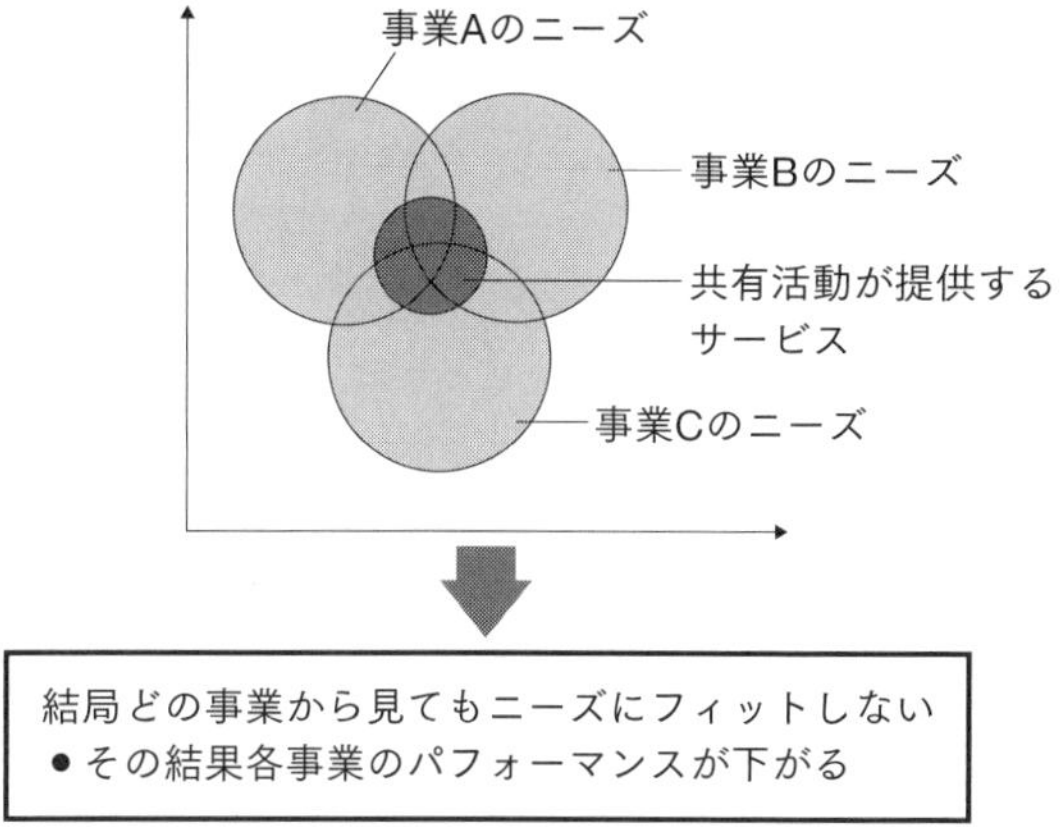
事業Aのニーズ
事業Bのニーズ
共有活動が提供するサービス
事業Cのニーズ
結局どの事業から見てもニーズにフィットしない
● その結果各事業のパフォーマンスが下がる

ので、ガンガンとたくさんの顧客を回って足で稼いでくる営業担当者を希望しています。

C事業部は、製品の品質や価格で差別化することが難しいので、いかに顧客と仲良くなるかというリレーション営業が重要です。

このように異なる事業部から異なるタイプの営業を求められる営業本部長は、どのように営業担当者を育成すればよいのでしょうか。

三つの事業部のニーズを足して三で割ったような平均的な営業担当者を育てれば、どの事業部から見ても帯に短し襷《たすき》に長しで、物足りません。結果として営業実績は下がっていくでしょう。

②複雑性の増大

たとえば、A、B、Cと三つの事業部が同じ

図表5-4　機能共有のマイナス面（2）複雑性の増大（再掲）

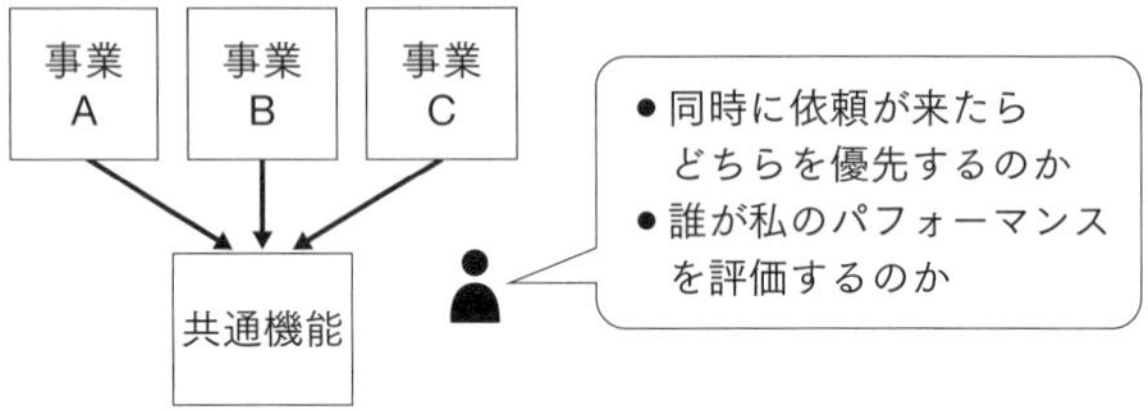

コスト：複雑性を管理するコストがかさむ
スピード：複雑性を管理するため時間がかかる
品質：管理に手間・マインドシェアを取られて
本来の活動の質が下がる

工場を共有しているとしましょう（図表5－4。第3章図表3－5の再掲）。工場長から見ると、異なる事業部それぞれからの製品を作ってほしいという依頼に応えるわけですが、依頼が重なった場合、どの事業部の製品を優先して作ればよいのでしょうか。

どの事業部長も自分の製品が最優先されることを望んでいます。後回しにされた事業部長が不満に思い、工場長に厳しい評価をつけるかもしれません。

単一事業の製品を扱う工場であれば、一人の事業部長の指示に従っていればよかったのですが、複数事業を相手にする場合、工場長は誰に従って仕事をすればよいのでしょうか。

こうなると、どの製品を優先するかという三事業部合同の生産調整委員会を作ったり、異なる事業部が工場の評価をどのように行うのかという複眼の評価制度を作ったり、さまざまな仕組みが必要になります。その結果、かえって複雑性が増して、コストが増し、スピードや品質が低下してしまうこともあり得るのです。

このように、ある機能を事業部から切り出してまとめることにはプラス面とマイナス面があり、唯一の解はありません。したがって、「コスト低減」「業務量の平準化」「ノウハウの共有・転用」「平均化の罠」「複雑性の増大」といった視点からケース・バイ・ケースで解を考えて実行するのが、コーポレートの仕事です。

唯一の解はないのですが、傾向として、事業部はすべての機能を事業部内に持ちたがるバイアス、コーポレートは機能を全社共通でまとめたがるバイアスが働きます。

事業部長から見ると、他事業と機能を共有することはできれば避けたいと考えても不思議ではありません。四半期ごとに売上や利益などの結果を出すことを厳しく要求されている事業部長から見れば、常に自分だけを向いて、自分の指示を最優先して素早く動いてくれる工場や営業部隊を持っているほうが結果を出しやすいからです。

これに対して、コーポレートは機能を個別に分散させるよりも、まとめて共有化したほうが、必要な人数・資産が減りコストも下がる場合が多いので、共有化したがる傾向があります。こうしたせめぎ合いに対して、どちらが全体最適かという視点で冷静に考えなくてはなりません。

共有しないほうが、コスト意識は高まるのか

機能を事業部横断で一つにまとめることのマイナス面として「平均化の罠」と「複雑性の増大」の二つを挙げましたが、それに加えてよくいわれるのが「コスト意識の希薄化」です。

各事業が個別にその機能を持ったほうが、その機能のコスト意識が高まる、逆にその機能を切り出してまとめるとコスト意識が低くなる、という考え方です。ただしこれは一概にはそうとは限らないので、本章ではあえてマイナス面には入れていません。

まず、「各事業が個別にその機能を持ったほうが、その機能のコスト意識が高まる」という説を見てみましょう。

事業部は当然ながら利益目標を負っていて、今期は利益目標を達成した、していない、と常に意識しています。すべての機能が一つの事業部内に揃っている場合、各機能も事業部の

一員として利益を上げるという意識付けがしやすい、という考えです。

たとえばA事業内に専用工場があれば、事業利益を上げるために、工場はいかにしてコストを下げるか、事業部の一員として真剣に考えざるを得ません。しかし、生産機能を切り出して共通工場にすると、「事業部の一員」という意識がなくなるため、利益を出すために必死になっている事業部のような利益意識（コスト意識）がなくなってしまう、という考えです。

逆に、ある機能を事業部から切り出して共有にしたほうが、コスト競争力を意識するという考え方もあり得るのです。

たとえば三つの事業部が共通の生産本部を使うときには、生産を委託することになるので社内取引が発生します。つまり、あたかも外部の生産委託会社と取引しているように、事業部側から生産本部にお金を払って商品を作ってもらうことになります。

そうなると収益責任を負っている事業部からすれば、社内で生産すると高いので、外部の生産委託会社を使いたいと言い出す可能性も出てきます。その結果、生産本部はたとえ社内顧客を相手にしていても、間接的には社外委託会社との競争にさらされ、シビアなコスト意識が生まれるという考えです。

このように、画一的にどちらが良い悪いということではなく、いかにマネジメントするかが問われることになります。

全社共有機能部門のマネジメント

以上、そもそもある機能を事業部から切り出して一つにまとめるべきかどうかを、そのプラス面とマイナス面から見てきました。ここからはある機能を一つにまとめて全社共有機能部門とする場合、その共有部門をいかにしてマネージするかを考えましょう。

①複雑性の増大のマネジメント

まず、共有する場合のマイナス面である「複雑性の増大」から来る意思決定スピードの低下を最小限に抑えるための仕組みを作っておく必要があります。

共有機能部門が複数事業部から同時に依頼を受けた場合の優先順位を素早く決めるための客観的ルール、あるいは素早く優先順位を決めるためのプロセス（誰が誰と話し合っていつまでに何を決めるのか、誰に意思決定権があるのか、など）を明確に決めて、事業部と共有機能部門の間で合意しておくべきでしょう。

②全社共有機能部門の評価の仕組み

もう一つは、共有化した機能部門の評価の仕組みです。

たとえば事業部とは別に生産本部を設ける場合、生産本部は複数の事業部から生産の発注を受けます。コーポレートとしては生産本部のパフォーマンスを誰がいかに評価するのかを決める必要があります。ある意味では、生産本部から見れば事業部は社内とはいえ「顧客」なので、顧客である複数の事業部に評価してもらうのか、それとも本部が評価するのかを定めなければなりません。

③コストセンター対プロフィットセンター

共有した機能をコストセンターとするのか、プロフィットセンターとするのかを決めて、運用の方法を設計・実行するのもコーポレートの仕事です。

コストセンターと位置付ける場合、どのようにコストを振り分けるかを決めます。たとえば生産機能を切り出して生産本部を作る場合、生産本部のコストを誰が負担するのでしょうか。コーポレートが負担するのか、事業部が負担するのか、もし事業部が負担する場合は、何を根拠に各事業に割り振るのか、などの設計が必要になります。

図表 5-5　共通機能をプロフィットセンターとする場合

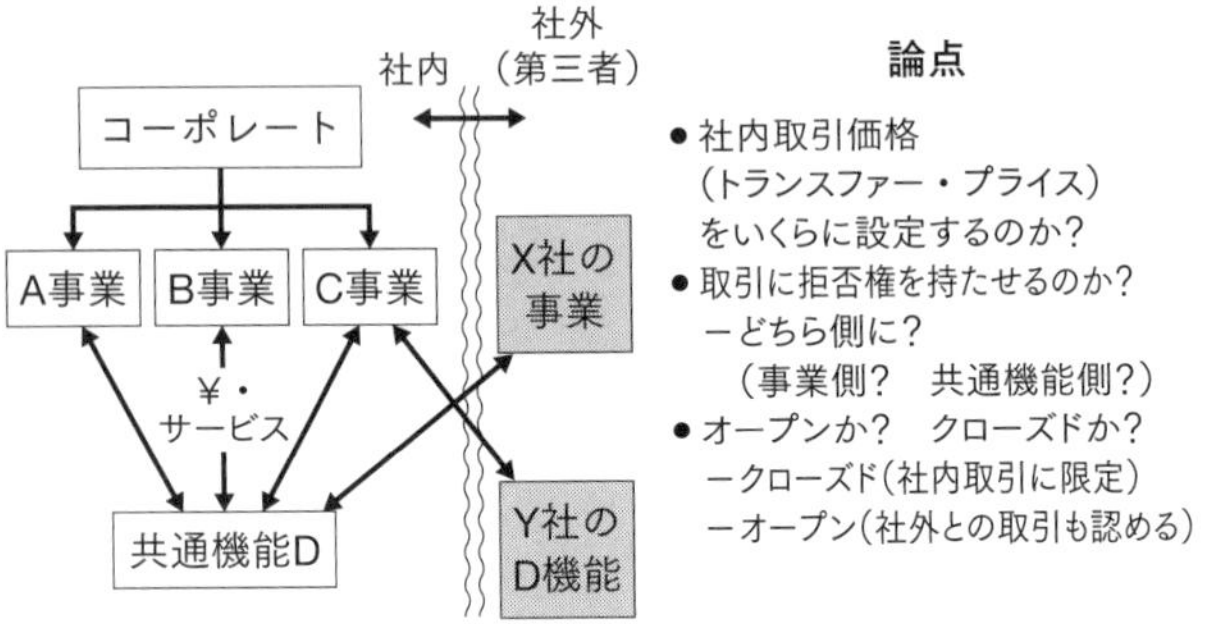

プロフィットセンターと位置付ける場合、社内取引価格の決め方を考えなくてはなりません（図表5－5）。自由競争で需要と供給のバランスで価格が決まる外部との取引とは異なり、社内取引価格はある意味恣意的に決定できるため、慎重に価格設定をしなければなりません。あるいは外部の市場価格と合わせるという考え方もあり得ます。

さらにいえば、事業部の立場からは、そもそも社内の機能部門を使うかどうか選びたいこともあるでしょう。たとえば生産の場合、「そんなに生産コストが高いなら社内の生産本部ではなく、むしろ外部の生産受託会社を使う」と事業部側に拒否権を持たせるべきでしょうか。

逆に生産本部が選択を望むことも考えられます。「そんな理不尽な条件では生産はやりたくない、それならむしろ外部の仕事を受注して生産する」と生産本部に拒否権を持たせるべきでしょうか。

このようなルールを整備するのも、コーポレートの仕事です。

この考えをさらに進めると、そもそもある機能を社内に持つべきか、という論点に行き着きます。実際に、生産を完全に外部に委託するメーカー、すなわちファブレスメーカーという形態も存在しています。ただしこの論点は、本書で取り扱う全社戦略というよりも、そもそもバリューチェーンのどこを内部化してどこを外部化すべきかというテーマになるので、本書では取り扱いません。

シェアードサービスで二兎を追ってはいけない

機能を切り出して共通化するときに、シェアードサービスという概念があります。特に人事、総務、経理、福利厚生などのバックヤード機能に関連するサービスを担当する機能部門を作り、各事業部から委託を受けて請け負う形態です。

こうしたシェアードサービスは共通性が高いので、社内の各事業だけでなく、社外の企業にも提供できるものが多いのです。このため、シェアードサービス部門の収益性を重視するのであれば、社外の仕事を有料で受注して売上・利益を上げることも可能ですが、このシェアードサービスの外販は問題を抱えます。

外販して売上・利益を上げるというミッションをシェアードサービス部門に与えると、本来の部門の存在意義を忘れて売上・利益の最大化を目指して行動するようになり、極端な例では、社外と比べて割が悪いとして、本来の社内から委託された仕事が疎かになる事態も生じかねません。

だからといって、各事業部の仕事がうまく回るようサポートすることを最重要ミッションとすると、これもまた問題が生じます。外部からの仕事と内部の仕事との間でコンフリクトが起きたときに、必ず内部を優先していけば、外部の顧客へのサービスが疎かになり、競争力を失うからです。

このように、内部と外部を両立させよという二兎を追うミッションは、最終的に失敗してしまうことが多いのです。

パナソニック――社内のパワーバランスを変える

このように全社組織は多くの要素を考慮して設計しなければならず、唯一の解は存在しません。個別具体的なケースごとに答えは異なるのです。したがって「唯一の解」や「法則」を提示することが難しく、本章では全社組織設計の際に考えるべき「視点」を提示しました。最後に個別具体的な事例を見てみましょう。まずはパナソニックです。

全社組織の設計において本章で論じてきたどの「視点」にも当てはまらない興味深い事例が、松下電器産業（以下、松下電器、現パナソニック）です。松下電器は二〇〇一年に社内のパワーバランスを変える目的で組織を再編しています（図表5－6）。

松下電器といえば、松下幸之助が始めた事業部制の概念で有名です。これは、各事業が独立した企業のように責任を持って意思決定し、結果を出すことを求めるという考え方です。結果責任を曖昧にすると規律が緩んでしまうので、厳格な事業部制を敷き、同時に事業部ですべての意思決定ができるような権限を与え、そしてどんなアクションもとることができるようにすべての機能をフルセットで与えました。これは非常にうまく機能し、松下電器は

図表 5-6　事業部間での力関係を変えるために共通機能を切り出した例（松下電器産業）

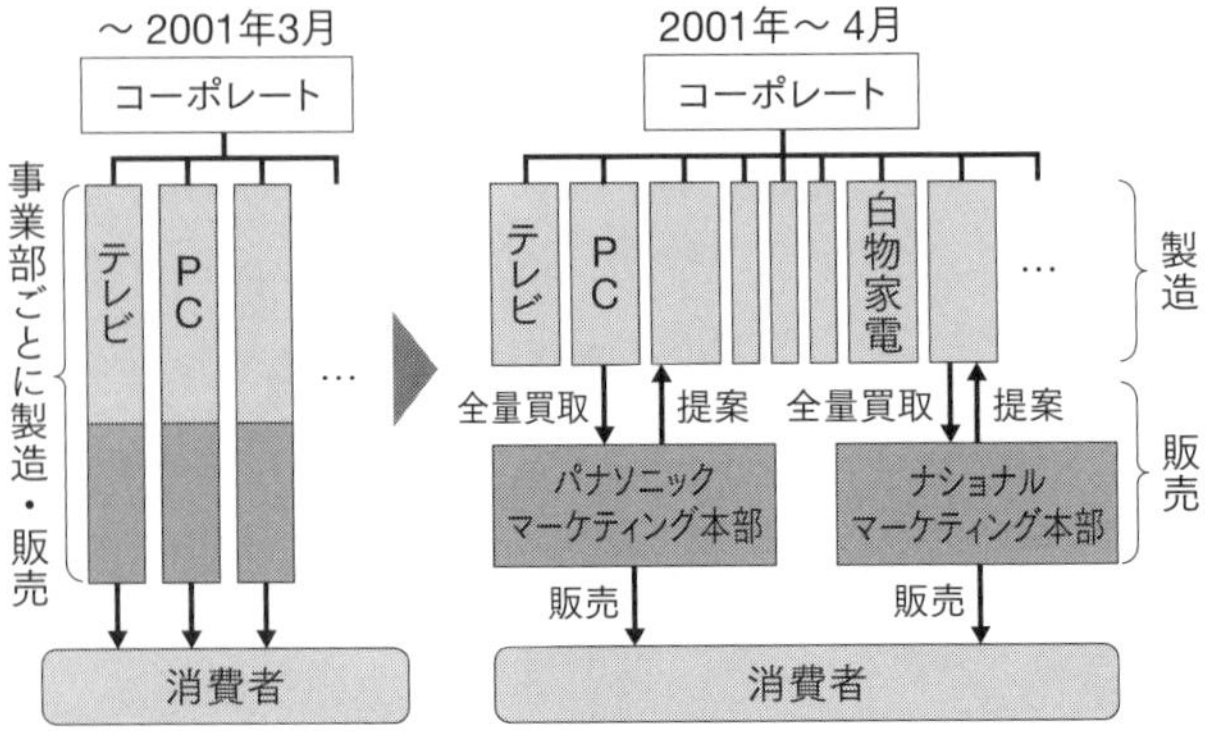

［出所］　当時の松下電器産業ホームページを参考に筆者作成

家電のトップメーカーの地位を築くことに成功しました。

ところが、事業部間で似たような製品を作ったり、競争が起こったりと、だんだんマイナス面も目立つようになってきたのです。そこで松下電器は二〇〇一年に本社主導で全社組織の大改革に踏み切ったのです。

各事業部が持っていた販売部門を切り出し、販売とマーケティングの機能を共通化し、黒物家電の「パナソニックマーケティング本部」、白物家電の「ナショナルマーケティング本部」の二つの本部に統合しました。

松下電器はその際に、大胆な策を講じています。どのような製品を作って売るかという意思決定権を、事業部からマーケティング本部に移したのです。マーケティング本部は顧客をよく理解しているという前提に立ち、このような製品が必要だとマーケティング本部から提案し、製造部門が合意して初めて製品開発や生産が行われます。

約束した以上、製造側は品質・コストの条件を守ってしっかりと作ることが求められます。一方、約束を果たしていれば、製造が作った製品は全量、マーケティング本部が責任を持って買い取り、それを売り切ることで利益を出さないといけないのです。ただし、製造側が事前合意なしに独自開発した製品については、不要だと思えばマーケティング本部は拒否できる仕組みです。

この事例は本章で論じてきたさまざまな視点のどれにも当てはまりません。事業部の権限があまりにも強くなりすぎて弊害が出てきたので、パワーバランスを変えるために組織を変えて、マーケティング本部に権限を移すという大改革を断行したのです。このように組織というものは、唯一の解はなく、ケース・バイ・ケースで答えは異なるのです。

ソニー――環境変化に応じて最適な組織を探る

組織は生き物です。環境変化に応じて全社組織の形態も変えていく必要があります。ここでは、ソニーの例で全社組織の変遷を見てみましょう。

一九八〇年代のソニーの組織は、基本的に事業部制でした（図表5－7）。オーディオ、ビデオ、テレビなどB2Cの三事業を統括する商品事業本部、B2Bの情報機器事業本部、半導体事業本部、磁気製品事業本部という体制になっていました。

九〇年代になると、バーチャルカンパニー制に移行します（図表5－8）。組織構造は少し複雑になり、コンシューマ家電のAVカンパニー、それに必要な部品をつくるコンポーネントカンパニー、コンシューマAV家電に必要なコア部品をつくるレコーディングメディア・バッテリーカンパニーの三つを「グループカンパニー」に統一し、管理しています。つまり、三つのカンパニーは互いの戦略を相談しながら進め、他カンパニーがやっていることは一切わからないという状態にはしないということです。

これとは別に、ディビジョンカンパニーというものも設けて、セミコンダクタ（半導

図表5-7　ソニーの変遷(1)事業部制（1983〜）

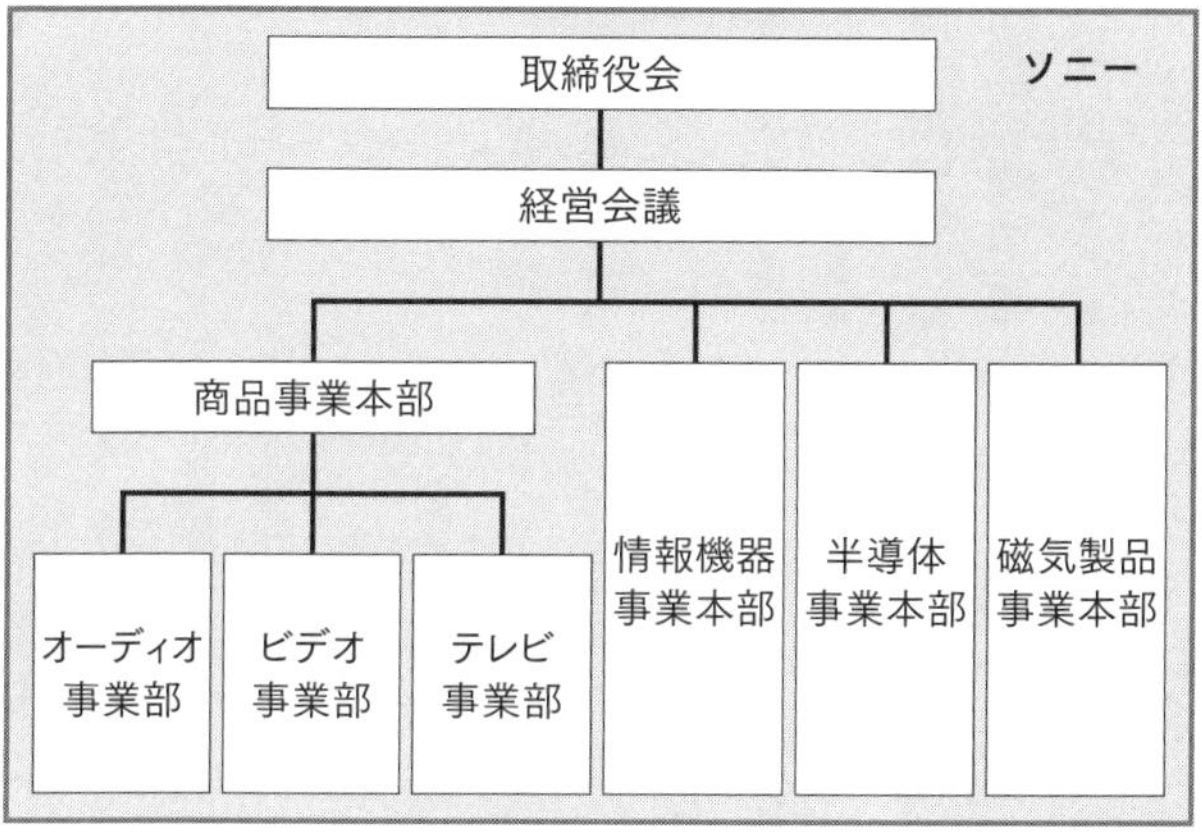

［出所］ソニーホームページ等を参考に筆者作成。以下、図表5-12まで同様

図表5-8　ソニーの変遷(2)バーチャルカンパニー制へ移行(1994〜)

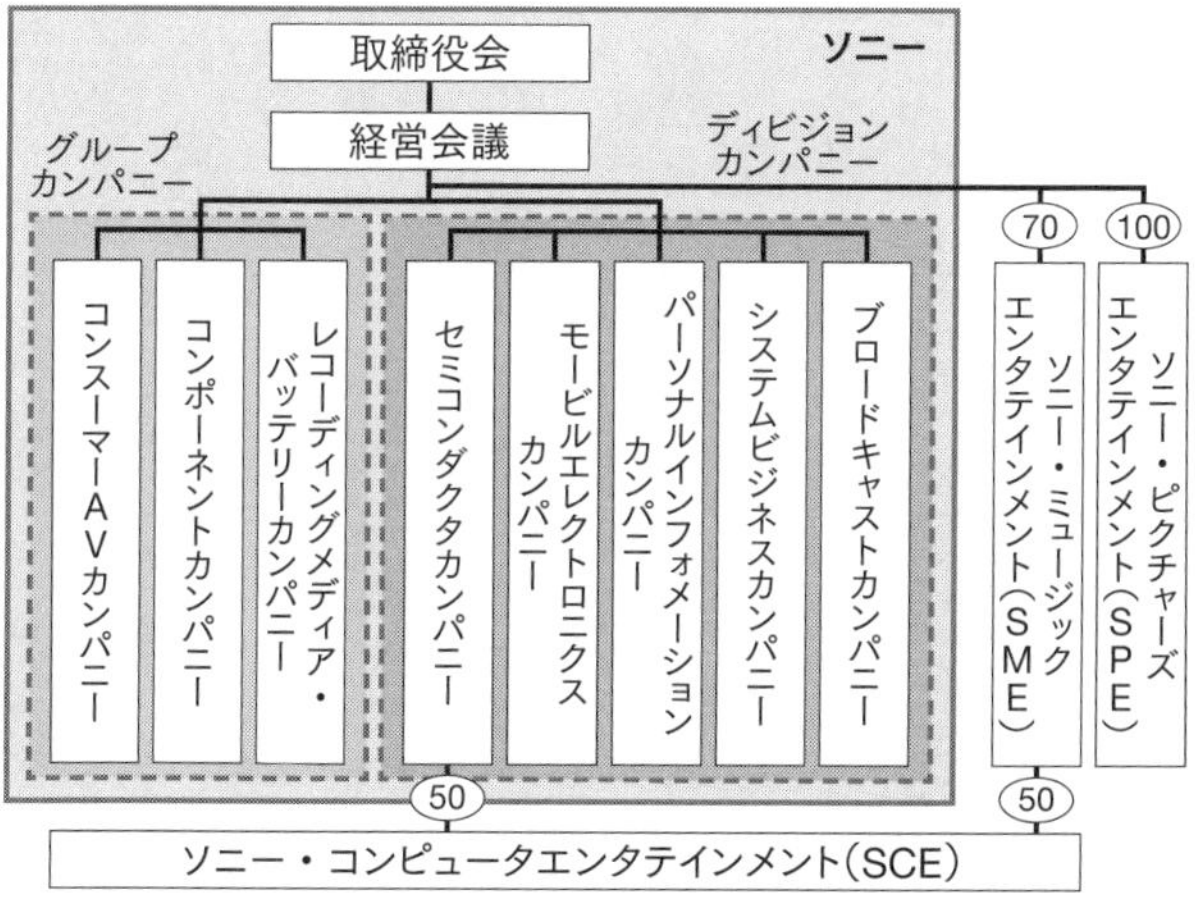

［注］ SPEは1989年にコロンビア・ピクチャーズ・エンターテインメント社を約6,000億円で買収し、後に社名変更（100％保有）

体）、モービルエレクトロニクス（携帯電話）、パーソナルインフォメーション（パソコン）、システムビジネス、ブロードキャスト（放送向け機器）という事業を行っています。

さらに、ハリウッドの映画会社を買収し一〇〇％子会社のソニー・ピクチャーズエンタテインメント（SPE）を設立、さらに七〇％の出資のソニー・ミュージックエンタテインメント（SME）を設立しています。また、複雑な出資形態となっているソニー・コンピュータエンタテインメント（SCE、プレイステーションなどのゲーム事業）は、ソニー株式会社の外に位置付けられています。この時点ではおそらくなんらかのしがらみが残っていて、きれいな形に分けられなかったのでしょう。

そこで戦略に沿って整理し直したのが、一九九九年以降の組織です（図表5－9）。本流事業はエレクトロニクス・グループ（ソニーの社内用語では「エレキ」といいます）としてまとめています。プレイステーションのSCEは本社直結の会社になりました。音楽事業のSMEは一〇〇％に出資比率を引き上げています。

同じエンターテインメントでもハード事業のSCE（プレイステーション）は「エレクトロニクス」グループの傘下に置き、ソフト事業（音楽、映画）のSMEとSPEは「エンターテインメント」グループとして明確に位置付けを整理しました。さらに、一〇〇％子会社

図表 5-9　ソニーの変遷(3)SCE、エレキ、エンタメ、金融の3グループ化（1999～）

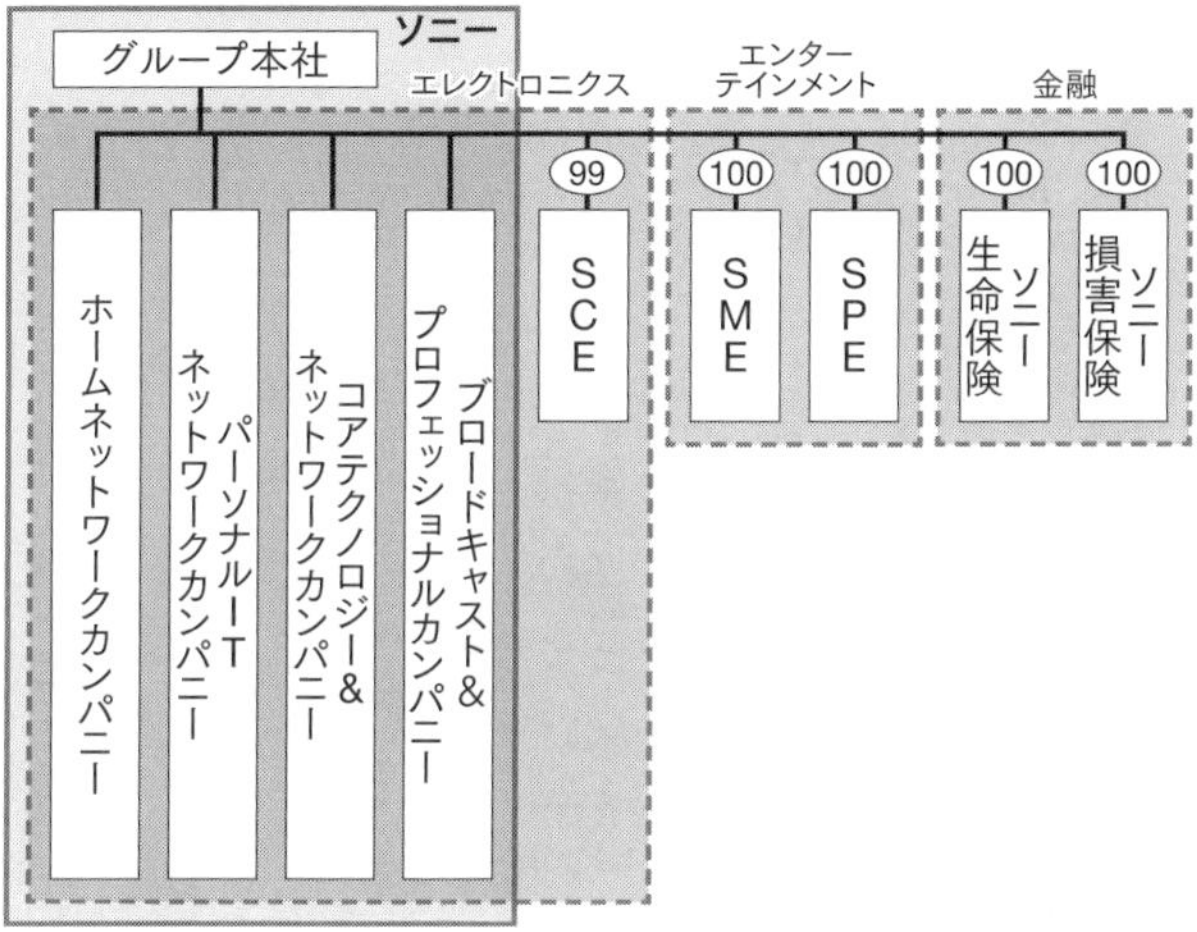

の生命保険と損害保険という金融部門が新たに登場しています。

　比較的本業に近い四つは株式会社ソニーの中の組織とし、本業と動きが異なるＳＣＥ、ＳＭＥ、ＳＰＥ、金融は自由に活動できるようにソニー株式会社の外に出しています。

　以前に比べて各事業の棲み分けがきれいに整理されて、それぞれのカンパニーが自立的、機動的に動けるようになってきています。一方、その副作用として縦割りの弊害も出てきました。各カンパニーが類似商品を出すようになったのです。例えばビデオレコーダーでは、各カンパニーがＨＤＤレコー

図表 5-10　ソニーの変遷（4）エレキ CEO の設置（2005～）

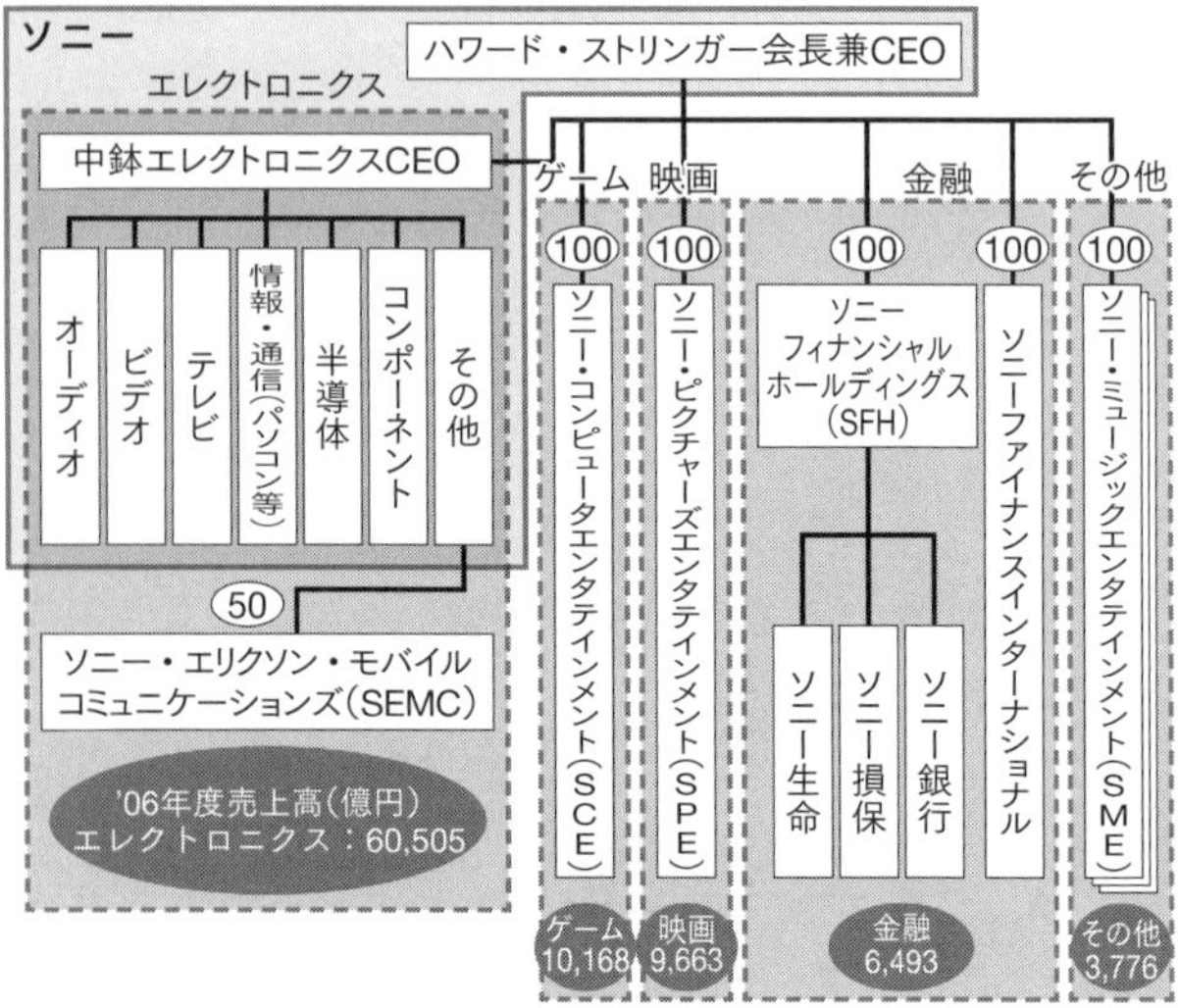

［注］ SEMC は 2001 年にエリクソン社と折半出資にて設立（50%保有）

ダーの「コクーン」、DVDレコーダーの「スゴ録」、ゲーム機ですがDVDレコーダー機能も備えた「PSX」等を同じ時期に発売しています。

この弊害を解消するために、二〇〇〇年代後半から、複数の各カンパニーを統括する機能を導入する組織変革を実施しています（図表5－10）。ソニーグループ全体の経営はハワード・ストリンガー会長兼CEOが統括する形です。AV機器や半導体、部品など本流事業は依然として本社の中に置かれていますが、中鉢《ちゅうばち》良治氏が「エ

図表 5-11　ソニーの変遷(5)グループ再編によるコア事業の強化（2012～）

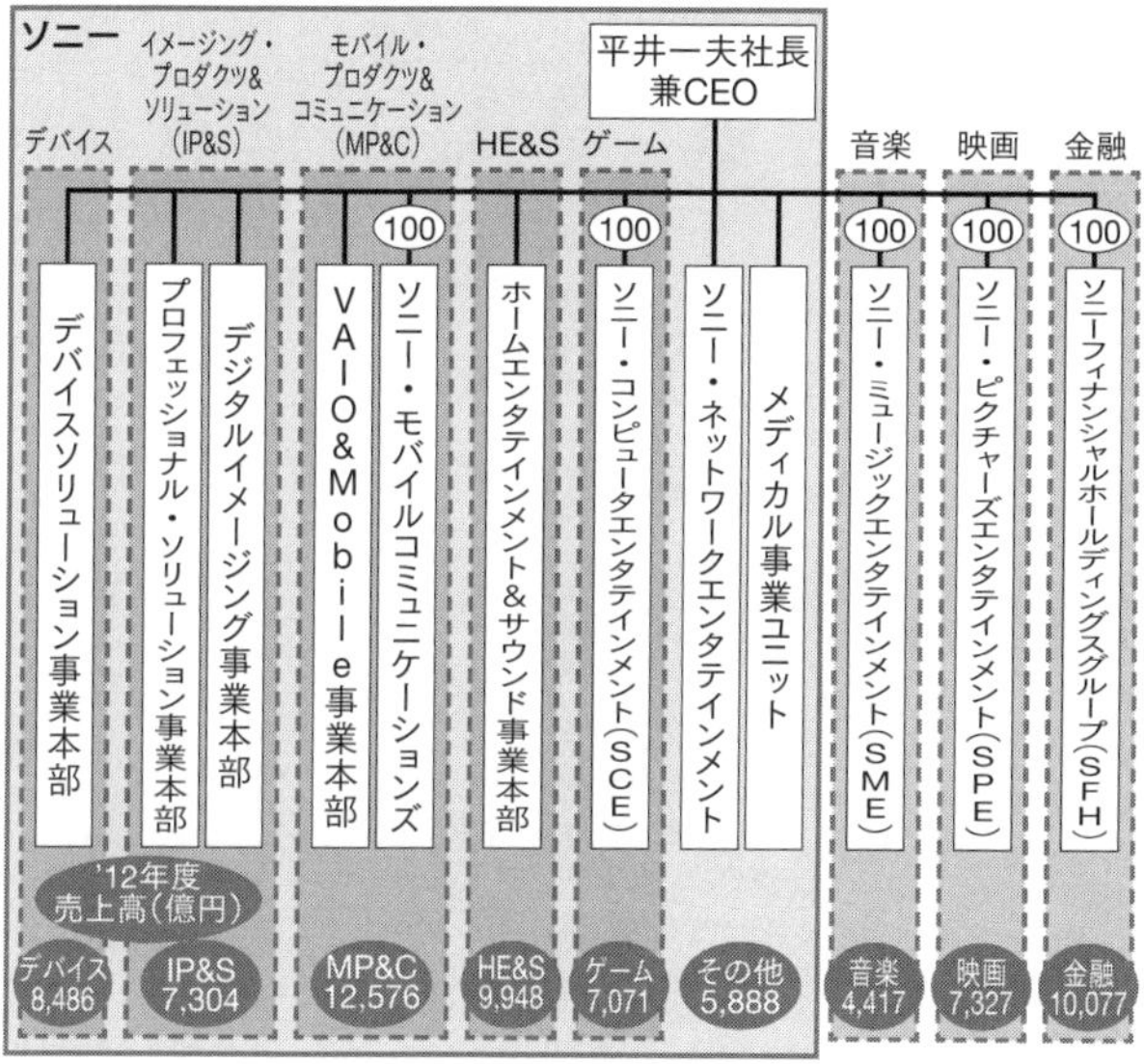

レクトロニクスCEO」として本流事業全体を統括する形にしています。

それぞれ異なる社内カンパニーですが、シナジーが効く部分もあるため、統一した戦略を持つ必要があり、それには一人の「エレクトロニクスCEO」が統括する形がいいという考えでこのような組織になっているのでしょう。

金融についても同様の考えで、生命保険、損害保険、銀行は異なる事業ですが、シナジーを効かせるために、ソニーフィナンシャルホールディングス（SFH）の社長が統括する形になっています。他の事業はそれぞれ動きが異なるため、一〇〇%子会社が独立して機敏に動けるように外に出しています。

二〇一〇年代の前半には、ゲーム事業のSCEを中に取り込んでいます（図表5－11）。形式は一〇〇%子会社ですが、実質的に中の会社と一体で運営しているようです。

これは環境変化が反映されているのでしょう。かつてゲーム機はAV機器とは事業環境が異なるため、本体とは切り離して機敏に動けるほうがよいと考えられていたのですが、消費者の使い方が変化し、プレイステーションでDVDの映画を見るというように、パソコン、モバイル機器、テレビ、ゲーム機器のどれでも同じコンテンツを視聴できるようになってきました。このため、各事業で個別最適を追求していると顧客にとって最適ではなくなるので、横串を通して連携して動ける形に持って行こうとしているという意図が読み取れます。

ところが二〇一〇年後半になると逆方向の揺り戻しが起こっています（図表5－12）。全事業の分社化です。横串で統一した戦略にあまりにこだわると、事業間の調整に手間取ってスピード感が失われます。むしろ各事業の独立性・自主性を高めて「一国一城の主」による責任ある経営を促進しようという意図でしょう。

ソニーの組織形態の変遷を見ると、全社組織には固定化された最適解があるわけではない

図表5-12　ソニーの変遷(6)全事業の分社化「一国一城の主」による責任ある経営促進(2017〜)

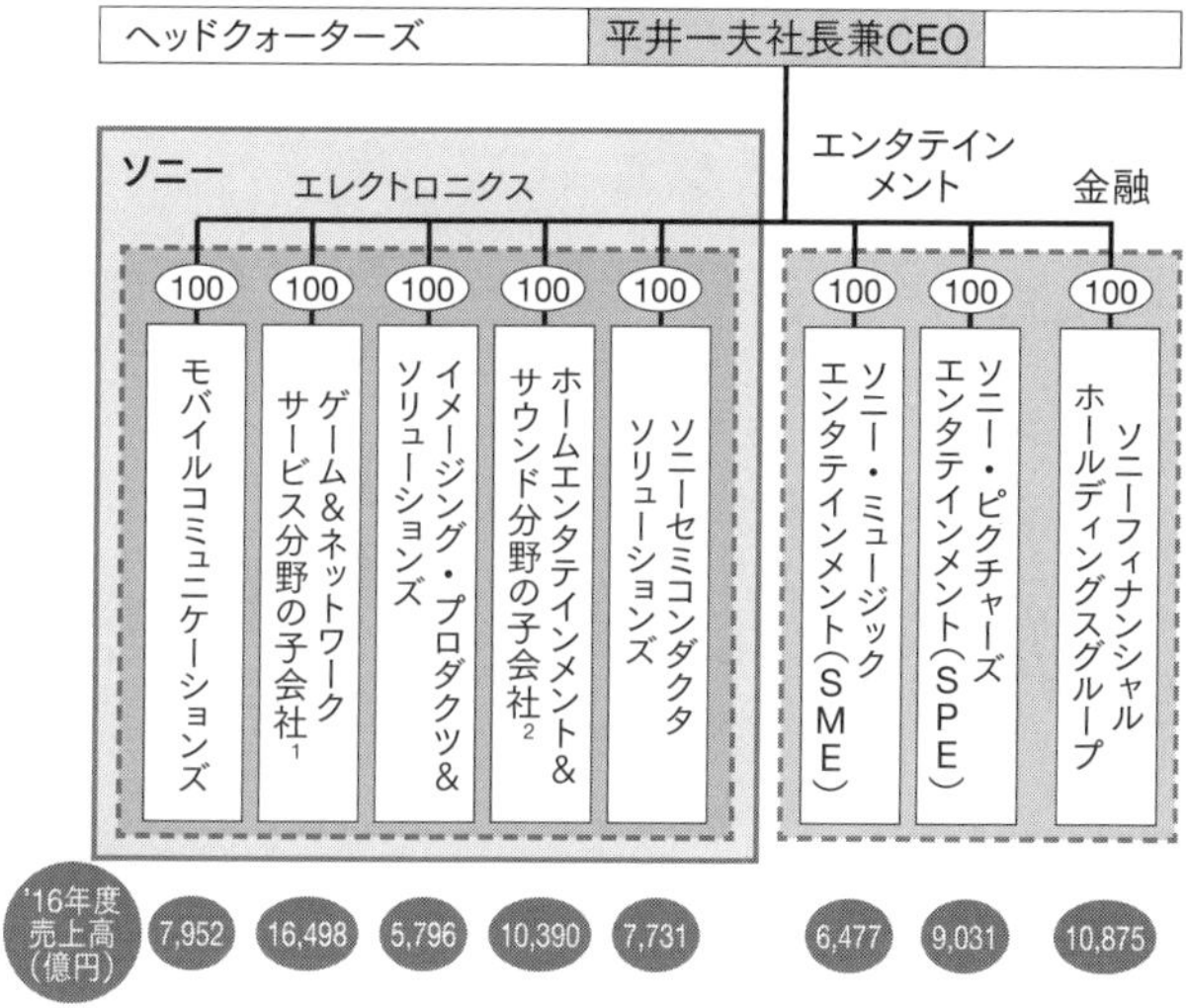

［注］1）株式会社ソニー・インタラクティブエンタテインメント（ゲーム機）など
2）ソニービジュアルプロダクツ株式会社（TV事業など）

ことがわかります。むしろ組織とは刻々と変化する生き物と考えたほうがよいのでしょう。顧客や競合など周囲の変化に応じて、何が全社にとって最適な組織形態であるかを常にウォッチし、必要なタイミングで大胆に組織を変える意思決定をすることは、本社の重要な仕事なのです。

また、組織の行動が最適点に比べてどちら側にブレているかによってもその瞬間の解は異なります。たとえば、各事業部があまりにも独自に意思決定してバラバラに行動し、その弊害が大きくなっている場合を想定しましょう。その場合は、事業間の横串機能を強化する組織形態を導入して、権限を各事業部から本社に移し、各事業部の意思決定・行動をある程度揃える必要があります。

ところがいったん横串機能を強化してその効果が出ると、今度は反対側に振れすぎた結果、各事業部がいちいち本社にお伺いを立てたり、複数事業部間の調整にばかり時間を使うようになり、競争力が落ちてきます。そうなると、再び各事業部が独立して機敏に意思決定し行動できるような全社組織に再設計する必要がでてきます。いわば振り子のように行ったり来たりを繰り返すのです。

組織は生き物。究極の解は存在しない

このように全社組織のあるべき姿は、個々の企業の固有の戦略、内部特性（企業文化、行動様式）によっても変わります。また、組織は外部・内部の環境変化によって常に脱皮を繰り返す「生き物」です。したがって究極の解があると思わないほうがいいでしょう。常に「現時点での解」があるだけです。

しかしながら、組織は頻繁に変えるべきものでもありません。組織改革には、大きな労力や痛みが伴うからです。組織改革を経験したことがある人ならわかると思いますが、組織が改変されると、社内が「荒れる」場合が多いのです。自分のポジションはどうなるのだろうか、自分の新しい上司は誰になるのだろうか、自分の部下は奪われるのだろうか、といった生身の人間ならば当然気になることがたくさんあります。

A部とB部が統合されて一つになったら、どちらの部長が残るのか、どちらが失脚するのかというような社内政治が横行して、場合によっては組織改革の前後で怪文書が出回ることすらあるのです。そうなると社員は内向きの社内政治に気を取られ、外部の顧客を向いて仕事ができなくなる状況にもなりかねません。

したがって、組織は軽率に変えるべきではなく、どのタイミングでどの程度変えるのかは慎重に検討して実行する必要があるのです。

補論1　全社ガバナンス

　ここでは補論として全社ガバナンスに触れたいと思います。注意していただきたいのは、本書の執筆時点で話題となっているコーポレートガバナンスではないことです。

　コーポレートガバナンスの論点は、企業の所有者（株式会社であれば株主）がいかにして事業の執行者（すなわち経営者）を統治（ガバナンス）するか、という論点です。よく言われる所有者と執行者の関係です。本書では、全社戦略の一部として「複数事業を持つ企業の本社が、各事業をいかにして統治（ガバナンス）するのか」を考えていきます。

全社ガバナンスの論点

　全社ガバナンスにおける論点は大きく二つあります。何のためにコントロールするのか

（Why）と、どのようにコントロールするか（How）です。

Whyとは、（これは全社ガバナンスに限らずすべてにおいて重要かつ当たり前なのですが）まず何を達成したいからコントロールするのか、という目的を明確にする必要があるということです。

たとえば、傘下の事業部が暴走しない、企業倫理に反することをしない、あるいは、倫理的に間違っていないものの、その事業が失敗すれば全社を揺るがすほどの危険行為に走らないように、一線を越えないようにするなどの目的が考えられます。これはどちらかといえば、マイナスを除去もしくは軽減する作業です。

これとは逆に、プラスに作用させることも全社ガバナンスの大切な目的です。個々の事業部が一生懸命にやっても、個別最適の域を出ない場合があります。その場合は、全体最適が達成できるように各事業部をコントロールするのが本社の仕事になります。たとえば、第5章で論じたように、工場は個別に持つよりも共有化したほうがよい場合は、本社が主導してそれを実現すべきでしょう。

レバーによるコントロール

Why（目的）が明確になれば、どのようにコントロールするか（How）を決めて実行していきます。その際にコントロールのためのレバーを設置して、そのレバーを動かしてコントロールしていく必要があります。ここでは、代表的なレバーの例を見てみましょう。

レバー① 組織形態

本社が各事業をコントロールするための組織形態のオプションは大きく言って、事業部制、持株会社制、そしてその折衷案としての社内カンパニー制があります（図表補1－1）。

基本的には、本社としてどれくらい強くコントロールを効かせたいかによって組織形態が決まってきます。事業部制、社内カンパニー制、持株会社制、の順にコントロールは弱くなっていきます。より強くコントロールしたい場合は事業部制、むしろ各事業がそれぞれの自主性を最大限発揮して動いてほしいのであれば持株会社制が適しているでしょう（図表補1－2）。

図表 補1-1　組織形態によるコントロール

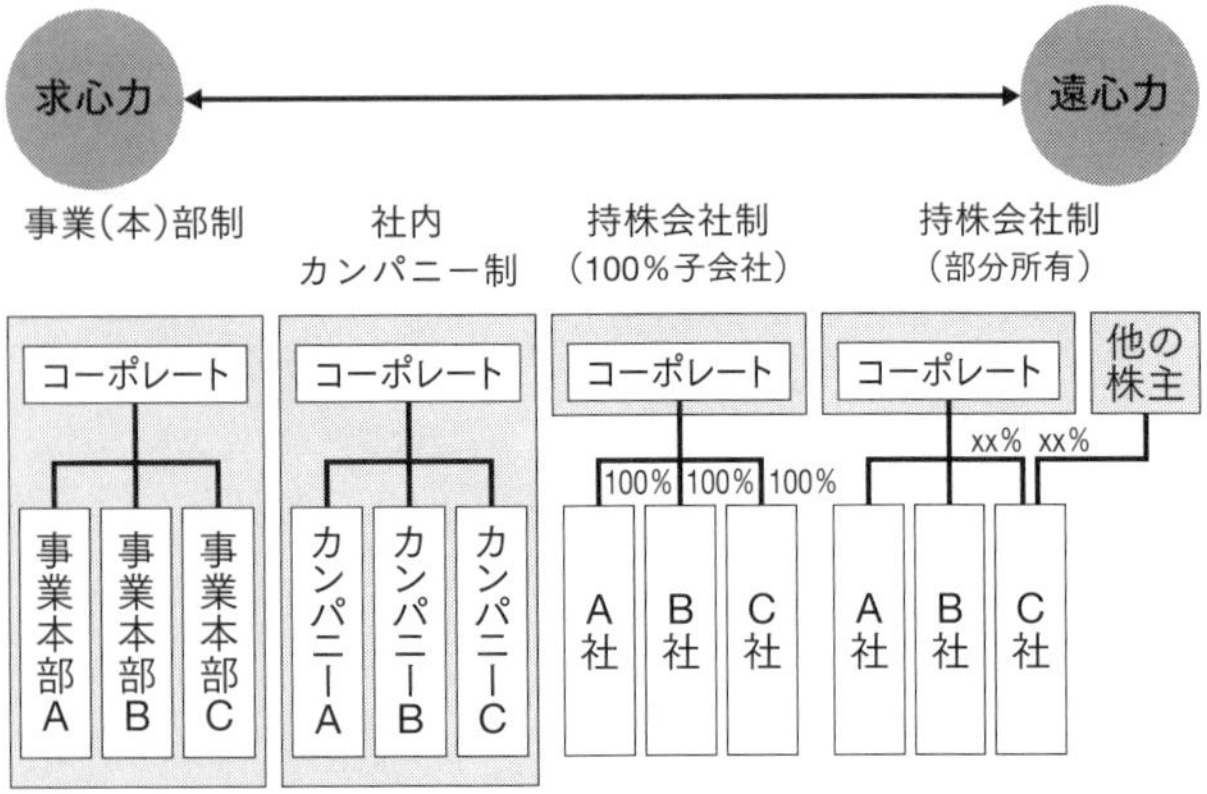

レバー②　お金

最も直接的なコントロールは、お金によるコントロールです。コントロールを緩めるのであれば、各事業が自分で稼いだキャッシュは自由に使って再投資できるようにすればよいのです。

逆にコントロールを強めるのであれば、各事業が稼いだキャッシュはいったん本社が吸い上げて、本社の意図に従って再配分します。第2章で述べたポートフォリオ・マネジメントはこの考えが前提です（図表補1－3）。

吸い上げの方法は、子会社の場合は配当金という方法もあり得ます。ルールを決めて（たとえば各事業部の事業部別利益の一定割合）、税金のように徴収することも可能です。

あるいは、本社が何らかのサービスを提供して

図表 補 1-2　組織形態によるコントロールの違い

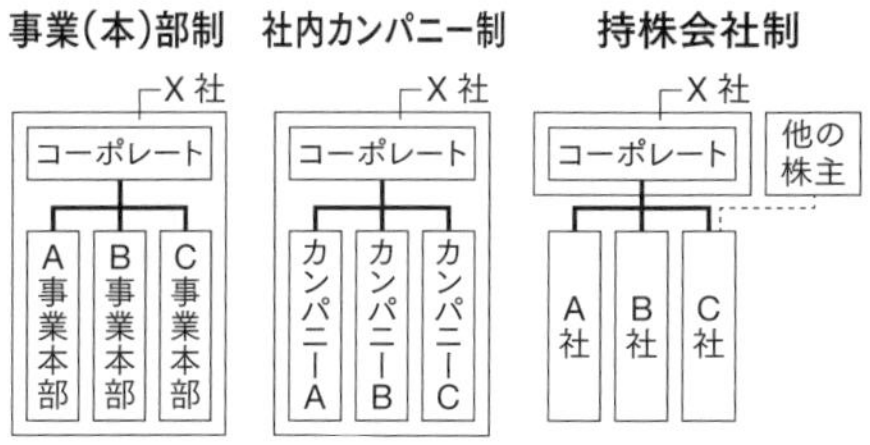

	事業(本)部制		持株会社制
狙い	求心力 ● 全体最適を最大化	←→	遠心力 ● 個別事業にとっての最適戦略の立案と実行をやりやすくする
前提	コーポレートが介入しないとシナジーが活かせない	←→	各事業がそれぞれの最適を目指してもシナジーが活きる
コーポレートのコントロール	強い	←→	弱い
各事業の自由度 ● 戦略／資源配分／組織／…	小	←→	大
コーポレートの管理	プロセス管理	←→	結果管理
コーポレート側の懸念	コーポレート／事業間の“厳しさ”が担保できない ● コーポレートの不必要な介入 ● 事業側の“甘え”	←→	事業側の独立心が不必要に強くなる ● 個別最適＞全体最適

図表 補1-3　お金によるコントロール

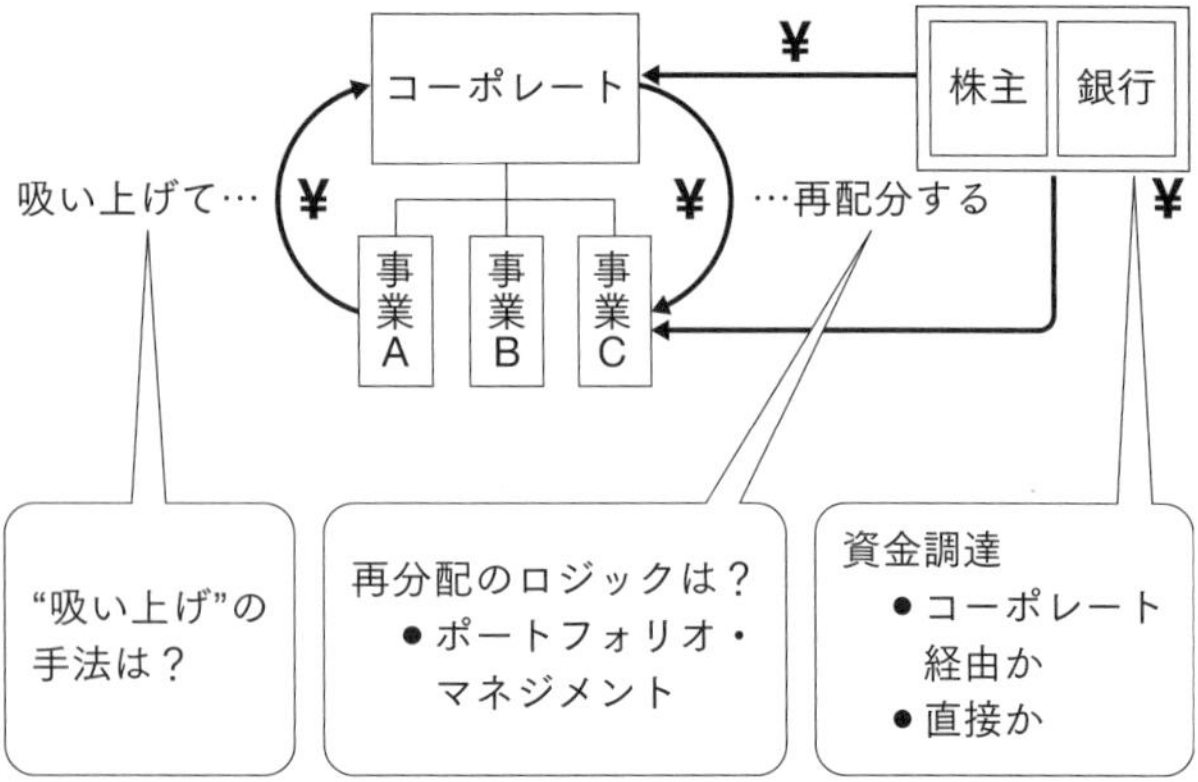

その対価を徴収する方法もあります。たとえば全社ブランドを統一して本社は各事業からブランド使用料を徴収する、などです。その中間案として、キャッシュを吸い上げはしないが、一定額以上のお金の動き（特に投資）は各事業部ではなく、本社の意思決定事項にするという方法もあります。

レバー③　人

本社から人を送り込んで（あるいは本社が人事権を握って）、各事業をコントロールする方法です。たとえば、NTTは持株会社の下に、NTTドコモやNTTデータなどの子会社が置かれています。こうした子会社の社長の任命や交代などトップ人事を決めるのは、持株会社です。

トップ人事を通じて、各事業を統括するのは直接的なやり方ですが、もっと間接的な人の送り込み方もあります。たとえばパナソニックでは、海外子会社のトップは、現地の文化や事情に精通し、現地の言葉を話せる現地出身者がいいと考えているようです。そこで本社からは、CFO（最高財務責任者）を子会社に送り込みます。

経理を通じてお金の流れをモニターし、そこで起こっていることを把握することで、コントロールを効かせようという考え方です。もちろんお金は重要な経営資源なので、お金をコントロールすることによって、子会社の活動をコントロールできるのです。

レバー④　コアコンピタンス

全社のコアコンピタンスによるコントロールというのは、その事業を行う上で根源的な強みを本社が握るという方法です。

たとえば、複数の異なる事業をやっているが、成功するために必要なコアコンピタンスが共通だとすれば、各事業が個別に小さく磨くよりも、本社側にその機能を置き、まとめて強くしたほうが全体として効果は大きくなるという前提です。そうして磨いた強みを事業部側が使えばよいという考え方です。

この前提が成り立つのであれば、全社最適になる上、個別事業が個別に磨くよりもレベルが高くなるので、全関係者にとってウィンウィンの状況になります。同時に、各事業が事業を成功させるために必要なコアコンピタンスは本社が握っているので、本社はコアコンピタンスというレバーを通じて各事業をコントロールできます。

たとえば、ブランドがそうしたコアコンピタンスとなる場合もあります。各事業が個別に少ない資源でブランド構築を行うよりも、本社がまとめてブランドを強くしたほうが、全体のイメージが高まり、各事業も恩恵が得られるという場合です。

こうした場合、ブランドというレバーを用いながら、各事業をコントロールすることができます。すなわち、全社方針に合わない事業、製品、サービスには本社はブランドの使用を認めない権利を保有するわけです。

金融機関のシティグループは、シティバンクから始まって傘下に非常に多くの事業を抱えています。各社のロゴを見ると、統一したブランドを訴求しようとしていることがわかります。年金、銀行、クレジットカード、消費者金融など事業はそれぞれ異なるのですが、シティがどのような企業であり、どのようなサービスを提供するのかについて、統一したイメージをお客様に認識してもらったほうがいいと考えているため、全社でブランドを管理しているのです。

なお、ロゴの形や色などデザインは表面的な話にすぎません。それよりも重要なのは、そのブランドを通じて約束している提供価値です。何らかのブランド・イメージを認識した顧客には、それに応じて期待が生じます。したがって、子会社がそうした期待を裏切らない商品やサービスを提供しているかを、本社は監督する必要があるのです。

子会社が個別最適の観点でいろいろなサービスを始めることで、だんだんと約束している提供価値の範囲を外れて、全体のブランド・イメージを棄損する恐れがあれば、本社が待ったをかけなくてはなりません。

ブランドの他にも、コアコンピタンスを用いるやり方として、NTT持株会社はR&Dを通じて各事業のコントロールを目指しています。持株会社は非常に大きな研究所を持ち、総勢二〇〇〇～三〇〇〇人を配置しています。ここで最先端の研究開発を行い、傘下の有線通信、無線通信、システムインテグレータなどの子会社がその成果を使って、各事業を強化する、という狙いです。

研究開発には膨大なお金がかかるので、持株会社は子会社からR&D費用を徴収しています。各子会社が個別に行うと小規模な形でしかR&Dができないような場合には、こうしたやり方は効果的かもしれません。

その一方で、子会社からすると、自分の事業にピッタリのR&Dの成果が得られないという危険性もあります。実際、たとえばNTTドコモは持株会社研究所があるにもかかわらず、独自の研究所を設置しています。これは全社でやるべき研究とNTTドコモならではの移動体通信独自の研究という良い棲み分けができているのか、あるいはNTTドコモが持株会社研究所の成果に満足できずに独自に研究しているのか、どちらなのでしょうか。

レバー⑤　ビジョン

これは本社が各事業をコントロールするためのレバーとしてはかなりソフトなものになります。すべての事業部が統一したビジョン、価値観をしっかり共有し、それが各社員の意思決定や行動に染み付いていれば、お金の流れのコントロールなどのハードなレバーを使わなくても、(あるいはハードなレバーだけではコントロールしきれない部分に関しても) 全事業が本社の方針と同じ方向を向いて動く、という考えです。詳細は第4章で述べたのでここでは省略します。

補論2　全社人材マネジメント

全社戦略から見た人材マネジメントの論点は、「人材マネジメントは本社が行うのか、各事業部が行うのか」を決めることです。

一方の極端なオプションとしては、本社は人材マネジメントにまったく関与せず、それぞれの事業部の責任で人材マネジメントをすべて行うという考え方もあり得ます。これは事業によって必要な人材、スキルがまったく異なる場合に有効かもしれません。

もう一方の極端なオプションとしては、人材マネジメントは徹底して本社が主導して全社レベルで行うという考え方もあります。事業は異なっていても必要なスキルが共通で、かつ事業部が小さく独自に人材マネジメントを行うより本社がまとめて行ったほうが効果も上がりコストも下がる規模の経済性が効くという理由です（その場合は逆に、それぞれ事業が異なる中で、金太郎飴のように同じ人材マネジメントでいいのかが論点となりますが）。

また、あえて異なる事業を経験させたほうが人材マネジメントのためには有効であると判断する場合は、本社が主導して事業部をまたいだ人事異動が必要になります。

人材マネジメントのどこまでを本社で行い、どこまでを各事業部で行うかは両極端のどこか中間に最適点があり、その最適点は企業によって異なります。しかしながら、一般論としては、人材マネジメントに対する本社の関与度合いは大きくなっていくと考えられます。

なぜならば、環境変化のスピードが加速しているため、最近ではある事業が数年後も存続しているかどうかわからないからです。そうなれば「事業」という単位で人材マネジメントをすることに意味がなくなるかもしれません。

また、イノベーションは異質との交流から生まれると言われています。そうであれば、一つの事業に閉じた人材マネジメントではなく、同じ企業内の異なる事業間で交流するような人材マネジメントがますます重要になるでしょう。

なお、人材マネジメントには、狭義の育成（トレーニング）だけではなく、採用する、やめないようにする（リテンション）、あるいは、やめてもらう、異動・昇進させることなども含まれます。特に、事業部間で人を異動させる場合、事業部に任せると良い人材は事業部内に囲い込もうとするので、そこに本社がどう関与するかは、全社人材戦略として考えるべき論点となるでしょう。

GE――全社を挙げてのトップ人材マネジメント

第3章でも紹介しましたが、GEでは、アメリカのクロトンビルに社内育成研修所を作っていることで有名です。GEは世界のさまざまな場所で、まったく異なるさまざまな事業を行っていますが、特にマネジャー以上の人材マネジメントは、各事業、各地域に任せっきりにするのではなく、本社がすべき仕事だと明確に考えています。

世界中で多様な事業を展開しつつも、どのような人材がいるかを絶えずウォッチし、有望な人材だと判断した時点で、そこから本社が育成に関与するようになります。日本のメディカルを担当していようと、欧州で高機能材料に携わっていようと、北米でエンジン開発を手掛けていようと関係なく、リーダー人材育成トラックに乗せて、レベルに応じてさまざまな育成プログラムを受けさせています。

リーダー人材育成トラックに乗ると、育成のために異動にも本社が関与し始めます。たとえば日本のメディカルのマーケティングでスタートしたとしても、成長を考えると異なる経験が必要ならば、北米で航空機エンジンの生産管理に異動するかもしれません。このように事業、地域、機能の壁を越えてグローバル最適の観点からキャリアパスを設計するのは、まさに本社にしかできない仕事と言えるでしょう。

全社人材マネジメントのプロセスの整備

図表補2－1は、さまざまな企業の本社が人材マネジメントで行っているベストプラクティスを筆者なりにまとめてみたものです。

まずは将来のリーダー候補をきちんと探すことが最初のステップです。世界各国で展開するさまざまな事業・機能に従事する人材を、横断的にウォッチし続けます。各事業の判断で、ある時点でリーダー候補と判断すれば「本社人材育成トラック」に乗せることを推薦することもあるでしょう。

逆に本社がリーダー候補者を探すこともあります。GEにおいてはCEOが各国を訪問するときに、リーダー候補のリストに挙がった人物と直接会って話し、CEOが自分の目で見て選ぶといわれています。

図表 補2-1　全社人材マネジメントのプロセス

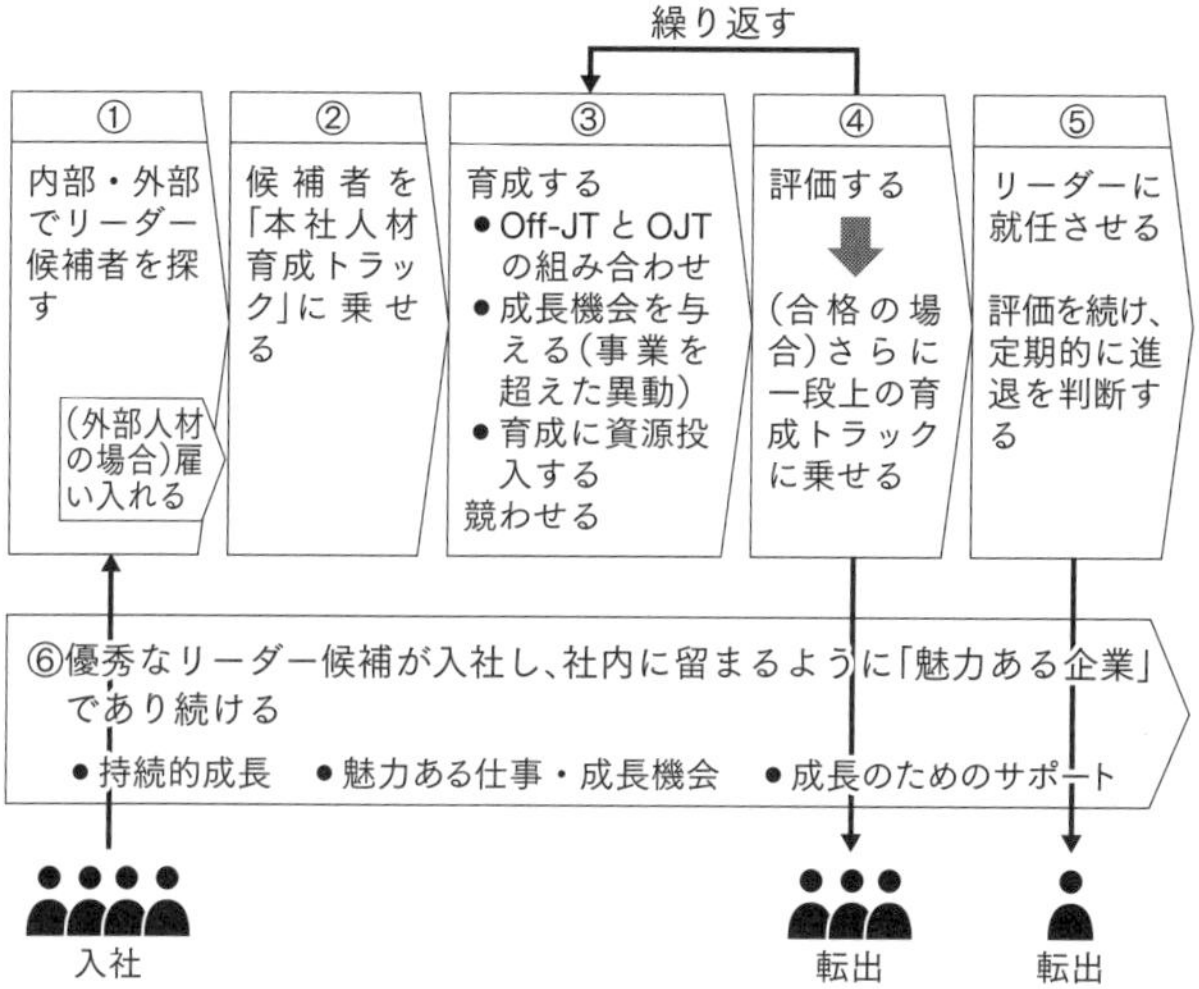

次のステップは、本社人材育成トラックに乗せて、「本社扱い」とします。オムロンの場合、コアポジションというものを設定しています。コアポジション候補になると、各事業部内の人事部だけでなく、本社の人事部も関与することになります。

この人は必要だから出したくないと各事業が抵抗しても、最終人事権は本社にあり、全体最適の観点から「この人には他の事業部に移ってもらう」「海外赴任してもらう」といった決定を下すこともあります。

リーダー候補には、修羅場を経験させることが大切です。単一事業一筋、単一機能一筋でやってきて他のことはまったくわからないという状態では、全社のリーダーは務まりません。本社が意識的に異動させて、若いうちから全機能を見通して束ねていく経験を積ませることが大事でしょう。

その後、全社として最適な人材を育てていきます。Ｏｆｆ－ＪＴやＯＪＴを行います。ここでのポイントは、Ｏｆｆ－ＪＴとＯＪＴの組み合わせを本社主導で回していくことです。ＯＪＴでは、どの地域で、どの機能に携わって、どのような経験をさせるかというキャリアパスを設計し、実行します。当然ながらやりっぱなしではなく、そのリーダー候補がどれだけ育ったかをモニターします。

異なる複数事業を、世界の異なる地域で、かつ世界の異なる国籍・文化の社員を使って運営する場合、このような人材マネジメントのプロセスを本社が明確に定義してシステマティックに管理していくことが、ますます重要になっていくでしょう。

おわりに

今日、一つの事業を専業で営んでいる企業はむしろ少なく、多くの企業が複数事業を営んでいます。したがって、個別事業戦略ではなく、全社戦略（すなわち複数事業を営む企業の本社の戦略）を考えて実行するのが、企業のトップおよび本社の仕事になります。

序章でも申し上げたように、個別事業戦略と全社戦略では頭の使い方がまったく違うので、トップおよび本社スタッフは、個別事業戦略とは別に全社戦略を学ばなければいけません。ところが、個別事業戦略に関しては多くの書籍が出版されていますが、なぜか全社戦略に関する本、しかも実用書は非常に少ないのが実情です。これが私が全社戦略に関する実用書を執筆しようと思ったきっかけです。

デジタル革命と新興経済の急速な台頭により、ビジネスにおける変化のスピードはますます加速しています。一つの事業がそのまま存続できる時間は短くなる一方です。したがって、一つの事業が永続する前提で個別事業戦略を考えるのではなく、全社戦略的視点、すなわち企業を事業群の集合体と考えて事業群をマネージすることがますます重要になりつつあります。

本書においては、全社戦略を考える上で必要な視点として、事業ポートフォリオ・マネジメント、シナジー、コアコンピタンス、全社ビジョン、全社事業ドメイン、全社組織、全社ガバナンス、全社人材育成を取り上げて、二〇年にわたるコンサルティング経験をベースに私なりの考えを紹介しました。読者のみなさんが全社戦略を立案し実行する際に、本書が何らかの参考になれば幸いです。

最後に、本書の出版にあたり、お世話になった方々にこの場を借りてお礼を申し上げたいと思います。

本書のアイデアは多くの企業の経営幹部の方々との実務経験を通じて得られたものです。個々の企業、経営者の名前は守秘義務によって公表できませんが、改めて感謝の意を表したいと思います。ボストン コンサルティング グループには、情報分析のお手伝いをしていただきました。

また、本書は私が一〇年にわたって早稲田大学大学院経営管理研究科（早稲田大学ビジネススクール）で教えてきた「実践コーポレート戦略」での講義をベースに執筆したものです。実務経験が豊富な社会人MBA大学院生とのディスカッションを通じて得られた知見なしには本書の執筆は不可能だったでしょう。大学院生のみなさまに感謝いたします。
編集にあたってはアデリー出版企画の渡部典子さんにお世話になりました。また、本書の企画から最後の仕上げまでパートナーとして辛抱強く併走いただいた日本経済新聞出版社の堀口祐介さんにもお礼を申し上げたいと思います。ありがとうございました。

二〇一九年五月

早稲田大学ビジネススクール教授　菅野　寛

Stephen A. Greyser, *Johnson & Johnson: The Tylenol Tragedy,* Harvard Business School Case 583-043, 1982
Phanish Puranam and Bart Vanneste, *Corporate Strategy: Tools for analysis and Decision Making,* Cambridge University Press, 2016
Richard Lynch, *Corporate Strategy (4th edition),* Prentice Hall, 2006
Gerry Johnson, Kevan Scholes, Richard Whittington, *Exploring Corporate Strategy (8th edition),* Prentice Hall, 2008

オムロン株式会社　ホームページ
株式会社 公文教育研究会　ホームページ
ジョンソン・エンド・ジョンソン株式会社　ホームページ
スターバックス コーヒー ジャパン株式会社　ホームページ
ソニー株式会社　ホームページ
パナソニック株式会社　ホームページ
ヤマハ発動機株式会社　ホームページ
ヤマハ株式会社　ホームページ
Daimler AG　ホームページ

参考文献

ジェイ・B・バーニー『企業戦略論（上・中・下）』岡田正大訳、ダイヤモンド社、2003年
デビッド・J・コリス、シンシア・A・モンゴメリー『資源ベースの経営戦略論』根来龍之、蛭田啓、久保亮一訳、東洋経済新報社、2004年
相葉宏二『ヴァリューポートフォリオ戦略――「企業価値」リストラへの挑戦』プレジデント社、1993年
水越豊『BCG戦略コンセプト――競争優位の原理』ダイヤモンド社、2003年
ハロルド・ジェニーン、アルヴィン・モスコー『プロフェッショナルマネジャー――58四半期連続増益の男』田中融二訳、プレジデント社、2004年
日経ビジネス編『会社の寿命――“盛者必衰の理”』日本経済新聞社、1984年
宇賀神宰司「徹底検証　会社の寿命――信用調査会社の“格付け”から割り出す」日経ビジネスオンライン、2013年11月7日
フィリップ・エバンス、トーマス・S・ウースター『ネット資本主義の企業戦略――ついに始まったビジネス・デコンストラクション』ボストンコンサルティンググループ訳、ダイヤモンド社、1999年
ハワード・シュルツ、ジョアンヌ・ゴードン『スターバックス再生物語――つながりを育む経営』月沢李歌子訳、徳間書店、2011年
リチャード・S・テドロー『なぜリーダーは「失敗」を認められないのか――現実に向き合うための8の教訓』土方奈美訳、日本経済新聞出版社、2011年
「ブラザーコミュニケーションレポート 2017」ブラザー工業、2017年

著者略歴

菅野 寛（かんの・ひろし）

早稲田大学ビジネススクール教授。東京工業大学工学部卒業、同大学院修士課程修了。カーネギーメロン大学経営工学修士。日建設計を経て、ボストン コンサルティング グループ（BCG）に就職。BCG では十数年にわたって数十人以上の経営者の意思決定をサポートした。2008 年一橋大学大学院国際企業戦略研究科教授、16 年より現職。著書に『BCG 流 経営者はこう育てる』『経営の失敗学』（いずれも日経ビジネス人文庫）、『BCG 経営コンセプト 構造改革編』（東洋経済新報社）がある。

日経文庫 1392

全社戦略がわかる

2019 年 5 月 24 日　1 版 1 刷
2025 年 3 月 3 日　　　4 刷

著者　菅野 寛
発行者　中川ヒロミ
発　行　株式会社日経 BP
日本経済新聞出版
発　売　株式会社日経 BP マーケティング
〒105-8308　東京都港区虎ノ門 4-3-12

装幀　next door design
組版　マーリンクレイン
印刷・製本　シナノ印刷

 ISBN978-4-532-11392-6
Printed in Japan

本書籍に関するお問い合せ、ご連絡は下記にて承ります。
https://nkbp.jp/booksQA